JN077212

学校福祉論入門

多職種協働の新時代を切り開く

日本福祉大学教授

すず き のぶ ひろ
鈴木庸裕 著

G学事出版

はじめに

学校における福祉的機能をめぐって

　本書のタイトルにある「学校福祉」とは、学校教育と社会福祉とのつながり
を創造するものです。学校福祉は教育福祉の類推やスクール（学校）ソーシャ
ルワークと同義ではなく、学校教育と社会福祉のつなぎ目になる言葉や実践、
理論を生み出そうとする意図から、筆者が30年近く使っている用語です。学校
は子どもたちの幸福（ウェルビーイング）のためにどのように責任を負ってい
くのか。これは学校教育と社会福祉との境界のない実践と社会を創っていく第
一の問いです。

　日本の義務教育制度は「学校の福祉的機能」から出発します。城丸章夫は、
「日本では労働法の成立が学校法の成立と逆になっているばかりではなくて、
学校法が労働法を代位し、子どもを守るべき労働法が子どもを守らず、学校法
がこれに肩代わりをしてきたという事実がある」（城丸章夫『現代日本教育
論』評論社、1959年、p.42）と述べ、欧米とは異なる日本の近代学校の成立を
指摘しました。学校の福祉的機能について、城丸は「義務教育制度を社会福祉
の一環としてとらえるということは、学校が福祉施設の一種として、とりわけ
子ども預かり所としての特質をもつものとしてとらえねばならないことを意味
する」（城丸章夫「学校とは何か」『教育』国土社、1973年9月、p.7）と論じ
ました。学校での生活が、子どもたちにとって生存権の保障にかかわることだと
いうことです。

　「子ども預かり所としての特質」という考え方は、敗戦直後、長期欠席や不
就学の子どもたちが全国で60万人を数え、そのうち小学校の3割、中学校の6
割が家庭の貧困や労働に従事するために欠席であったという時代状況を反映し
ています。今日と比べると、子どもや家庭、学校を取り巻く諸状況やソーシャ
ルサポート・諸施策のあり様などで相違があります。しかし、この考え方は今
日の学校の姿にも通じます。学校は義務教育の維持とともに、多様な機能を通
して子ども家庭福祉や社会的養護につながる役割を持ちます。

学校の福祉的機能とは、学校が子どもの福祉（生活の質の向上）に責任を負い、子どもの幸福と将来の生き方を追求する公的な保護機能です。

　第一に、学校教育の基盤として子どもの就学条件や教育環境の条件を整備すること。

　第二に、学校や教師の教育活動のすべての過程において、子どものみならず教師や保護者・養育者の権利を保障すること。

　第三に子どもを福祉の対象としてみるのではなく、福祉を権利として要求し行使する主体に育てていくことにあたります。

　こうした人権としての福祉に基づく機能では、学校内外の様々な「反福祉的状況」を子どもたちが自らつくりかえていく指導や援助が保障されねばなりません。そもそも学校の福祉的機能をめぐる主たる担い手が教師の教育技術であったため、教育実践の中に「相談援助技術」やソーシャルワークの技術が発展する余地はありませんでした。

　学校には子どもの生活と学習を下支えする家庭生活の全体性を把握し、家庭や地域の生活福祉的側面の変化への気づきを持ち、子どもを地域の一住民として理解し直すことが求められています。しかし、その局面において、教育、福祉、心理、医療、保健、司法などの諸領域が等分に力を出しあって支えていくことをもっと考えてもいいのではないでしょうか。

　学校を取り巻く多職種協働は途に就いたばかりですが、そのことは子どもたちが求めているのではないでしょうか。対人援助における著しい専門分化が、他の専門家どうしと、専門家とクライエントとの関係をも分断してきたことへの猛省がここにはあります。1990年代、医療や福祉の対人援助分野で、そのことに気づいた人が多くいました。筆者もそのうちの一人にしかすぎません。

本書の意図と構成

　今日の教育課題の問題解決が教職関係者だけの営みでないことは自明です。教育現場への社会福祉サービスや心理教育的アプローチ、医療や司法の介入は急速に進んでいます。その結果、いじめや不登校の背景に虐待や貧困、生活困窮などがあり、虐待などの生成要因にいじめや不登校、校内暴力などの経験があることに多くの教育関係者が気づいてきました。近年、その克服のために数

多くの施策や事業、法規が生まれ、支援・援助者の多様化がひろがりました。しかしながら、教育課題の根底にある子どもの「生きづらさ」（生活課題の困難、生活現実への接近）には行き届いてはおらず、多職種による組織的な取り組みも不安定なままです。

　その要因には、その「生きづらさ」が一つの専門性では見えづらく限界がある点です。そして、対人援助専門職（スクールカウンセラーやスクールソーシャルワーカー、医師、弁護士、様々な相談援助職）の多様化・重層化によって生まれる「ボーダーレス化」が積極的に活用されていないことがあげられます。ようやく「他の職種を理解する」という段階にはいりました。多職種連携といえども、いざ具体的な実践の局面になると一つの職種のソロ・アプローチとなり、多職種協働のチームアプローチには結びつかない状況です。ソロどうしの連携でしかありません。

　本書では、こうした問題意識の中で、学校教育と社会福祉の架け橋、あるいは両者をつなぐ様々な担い手が持つ共通基盤の追求、並びにその人材育成について論じます。

　学校福祉とは日本の教育実践に内在する学校の福祉的機能を今日的に掘り出し、その営みを再定義しようとする機能的概念です。筆者は、1980年代後半より、国内外のスクールソーシャルワーカーの実践に関わりながら、「家庭―学校―地域のつながりの中にある学校」という日本の学校教育に固有なソーシャルワークについて多くを著してきました。本書では、ソーシャルワークのある学校社会の創造という視点から、教師とともに「学校で仕事をする」多職種に共通する価値や目的、方法論的な基礎をとりあげます。「学校は教師が担う」という状態から、個々の専門職の境目を取り払い、その重層化（重なり）をプラスにとらえる視点、そして「学校（教育機関）で一緒に仕事をする」専門性とその形成を考えていきたいと思います。

　つまりこの学校福祉とは、「学校でともに仕事をする」多様な対人援助職が共有する機能的概念でもあります。教育福祉論の理念（反福祉的状況や制度の狭間の問題、学習権保障、子どもの権利条約実践の蓄積）を継承し、近年のスクールソーシャルワーカー実践の検証を通じ、学校が子どもの福祉（しあわせ）をいかに具体的に保障すべきかを考えるものです。

そこで、本書の構成は、第 1 講では、筆者の学校福祉をめぐる研究活動の発端にあった生活指導研究の紹介と、東日本大震災後の教育復興の活動や近年の児童虐待と学校との関係、いじめの重大事態への調査活動などから多職種協働の研究的視点を論じます。

　第 2 講は学校福祉の予備的考察として、生活指導・教育実践における子どもの権利条約を基礎とした学校福祉の実践原理と発達支援の課題、第 3 講では学校福祉の権利擁護の視点について、特別ニーズ教育との接点から学校福祉について深めます。第 4 講では、学校福祉の歴史的起源である戦後教育のガイダンス論の生成期の水脈について論じます。第 5 講では学校福祉の子ども理解─多様な子どもの困難への理解について、第 6 講では子どもの貧困問題を中心に、学校福祉の視点から見た子ども理解・子ども論を展開します。そして第 7 講では学校福祉の担い手の育成と多職種協働をめざす学部・院生や専門職現任者への提言と学校福祉士の提唱を行っていきます。

　学校福祉は、端的に子どもや青年にとってしあわせな生活の場として学校を変革し、すべての子どもたちにどんな力を育てる（高める）のかを問うことです。この問いは、多職種が共通した視点や言語、文化を醸成して挑むことです。子どものいのちやくらしに関わる専門職が、それぞれの専門性を独自に発揮しつつも、子どもの「生きづらさ」にチームアプローチができる。これは学校の持つ潜在的な力の復権とその活用という視点と重なります。

　本書の読者対象は、教職分野や子ども家庭福祉分野、教育相談・心理相談などの専門職、生徒指導や教育相談の教育職、スクールソーシャルワーカー、スクールカウンセラー、医師・医療機関の職員、スクールロイヤー（子ども人権相談員を含む）、地域包括支援事業の職員などです。そして、それらをめざす学生や院生、若手研究者に目を通していただきたいと思います。

鈴木庸裕

第1講 学校における多職種協働の時代をつくる

　第1講では、近年のチーム学校論や東日本大震災後の教育復興支援、児童虐待、いじめ調査の委員会活動の検討を通じ、これからの学校における多職種協働の重要性について論じます。

　学校福祉の実践は、学校で仕事をすることで多職種の人々がどのように成長していくのかを考えるものです。それは、目の前の教育問題の解決や教育施策上の対応だけでなく、多様化する学校の役割を教師や他職種がともにどう担っていくのかを問うものです。「チームとしての学校」論や働き方改革などが教師の同僚性に影響を生み出す中、学校教育における福祉や心理、司法、医療の役割は重要になってきています。

1　生活指導研究における多職種連携

　筆者にとって、多職種連携のあり方を深める端緒に、1980年代後半から1990年代前半の日本生活指導学会地域生活指導研究会（以下、地域研）での「名古屋南部地域における人々の生活と地域生活指導の研究」があります。この研究活動が筆者の「多職種協働」への関心のきっかけです（日本生活指導学会地域生活指導研究会・1991）。

　地域研では、地域に分け入ることで、「人々のいのちやくらし」に肉迫し、人々のいのちやくらしに根ざすには地域にある（眠り込んでいる）ものを発見し、そして眠らせているものを起こしていく（変革していく）ことを学びました。地域の教育力が弱まっているというような強弱の表現で社会情勢を示すことよりも、眠っているものを起こす人材の形成と適切な起こし方、そしてその眠りから覚める「問い」の必要性に関心をもちました。

　当時の地域研では、名古屋市南部の中京工業地帯でぜんそくをはじめとする公害病などに対し、地域の保健師や社会福祉協議会、医師、教師、民生委員、患者（当事者）とともに、「人々のいのちとくらしを守る共同において生活指

導とは何か」をテーマにしていました。「地域生活指導の実践感覚を身につけていくこと」（間宮正幸・1991）を通じて、現実の障壁や被抑圧状態を読み取り、住民と専門家の共同による福祉・教育・医療を横断する生活保障を議論しました。援助専門職のネットワークと地域住民の組織化の接合の部分と向きあう援助者の専門性に目が注がれました。

　それは、多職種連携という点で見ると、自らの専門や職域、領域、分野、役割（期待）から、そこで習得したことを個々に持ち帰り、日々の実践や研究に活かす形になっていたように思います。個々にとっては、まだ「多職種」ではなく、「他の職種を知る」という段階であったのかもしれません。当事者の中に共同の世界を読み取るという点では、ある対象に携わる援助職や支援職、さらには異なった視野や専門性を持つものどうしの相互作用としての協働を、どう自覚化し可視化していくのかという課題が残されました。

　現実問題として、様々な職場に「つなぐこと」や「橋渡しをすること」を主務とする職種には、いずれの領域や分野においても、財政的な難しさがあります。こうした問題意識が、その後、学校におけるソーシャルワークや教育と福祉のつながり、その基盤となる教育と福祉を橋渡しする実践領域である学校福祉論の構想につながりました。地域研は、筆者にとって一つの内省的な原風景になりました（鈴木庸裕・2017）。

2　「チーム学校」論時代の協働文化

（1）「チーム学校」論の課題

　1990年代、教師の多忙化や事務化をめぐって、「一人で抱え込まない」「負担を軽減する」というように、同僚性や同職種間の役割分担が強調されました。ところが、それは明確な省察や施策的対応がなされないまま、近年、「チーム学校」論に転じていきました。これは『第三の学校経営改革』（篠原清昭編・2012）として、教育委員会から学校長への裁量権委譲が強化された時期と重なります。そのため、多職種との連携や協力が大切だと言われても、教師にとっては形をかえた圧力の一つとなり、長時間勤務とも重なって新たな息苦しさを生み出しました。文部科学省の「チーム学校」ポンチ絵にあるように、地域社会との接続や学校内の組織体制において、学校長を頂点に置く形には手が加え

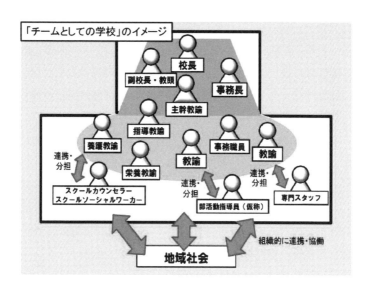

「チームとしての学校」のイメージ

られていません。

　文部科学省中央教育審議会の諸施策や答申、提言に見られるように、これからの学校改革や学習指導要領の大きな改革点は、「社会に開かれた教育課程」と「チームとしての学校」です。その際、OECD や ESD の「資質・能力」論の有効性が21世紀型能力論や学習指導要領といかに結びついていくのか。これは、子どもたちを主権者として育てていく教育と、それをめぐる教職員の組織的対応の充実があってはじめて成り立つものです。

　「チーム○○中学校」や「チーム○○（校長名）」という表現が連呼される状況は、大量のサプリメントを飲まされ、走れ走れと駆り立てられた教師たちが、実践範囲の拡大に追い込まれているような様相にも見えます。「チーム○○」の響きは、「協力だ、パートナーシップだ」という管理職や同僚間のバイアスや職務命令に簑をかぶせます。本来、協力とは、その要請に対して拒否したり、修正を求めることができるものです。

　地域の人材活用や教育支援者の導入を具体的に実現するには「ヒト・モノ・カネ」が欠かせません。それが弱い中で無理をしてつくられた組織は「チーム」には成長しません。「つくる」だけに終わってしまい、構成メンバー相互の学びを生み出すことはできません。教職の負担軽減を目途にした「分業」論とは、施策による先導ではなく、実践者自身の自己覚知や工夫や知恵、周囲の

人々との相互作用の範疇です。チームとは人から言われてつくるものではなく、自発的な組織です。教師が他の職種を信頼して一緒に取り組んでいくこと。SOSや救済のサインを出して他者の力を借りること。これらを通じて、自らの専門性を発揮することが保障されます。したがって、多職種連携では、他者の力を適切に借りる能力も培うべき「専門性」にあたります。周囲に協力や共同を提案しながら、一人でがんばってしまうという現実もよくあることですから、この「専門性」は欠かせないと思います。

「チーム学校」の課題は、学校の管理職自身が多様な専門職を統括（マネジメント）できる力を持ちうるのかという点にもあります。保護者からのクレーム（理不尽・無理難題）対応において、校長が弁護士を呼んで事後対応を相談するケースがあります。いじめ防止対策推進法の発足以後、その傾向は強まっていますが、内実は学校に落ち度がないかを確認するための相談であり、場合によっては学校管理上の予見準備や事後追求へのアリバイづくり（保身）になります。これを多職種連携やチームと称することは、由々しき事態と言えるでしょう。教職員がチーム会議などで綿密に話し合ったことが、校長の「様子をみましょう」の一声で頓挫するという経験も少なくないのではないでしょうか。

学校福祉の実践は、学校の「自己（自力）解決」が「自己責任」に陥らないよう連携の課題を指摘し、社会的支援の担い手を具体的な存在として明らかにすることです。それは、関係者の連携を通じて、家庭や地域、学校に協働を生み出していくという地域研からの学びを引き継ぐものでもあります。

（2）多職種による協働への期待

「チーム学校」の不十分さを端的に示す言葉に、「当事者（親や子ども）の不在」があります。多職種の連携や協働が、当事者の参加や代弁への切り口になっていないのです。

1994年、愛知県西尾市で起きた大河内君事件や、そこから遡る数年に見られる日本のいじめ問題が、国立大学の教育学部にいじめ問題に強い教員養成や学校経営、スクールカウンセラー養成に軸をおく臨床心理士の養成コースがつくられるきっかけになりました。当時、教育学部附属教育実践研究指導センターは、「国策センター」と揶揄されながら、また、教育現場からは「黒船が来

た」と言われながら、いくつかの大学でその事業が始まりました。

　筆者は、福島大学勤務時代、大学院での臨床心理士養成コース設置に従事しながら、当時は認知されていなかった学校教育の中に社会福祉（学校ソーシャルワーク）を含み込むことを考え、幾度かの大学院改組（マイナーチェンジ）を通じて「教育実践」「臨床心理」「学校福祉」の領域構成に取り組みました。他の職種を知ること、違いを知ること、自分に不足するものを知ることを出発点に、不足するものを誰の力を借りて補うのかという発想から、大学院の履修プログラムをつくりました。教育と福祉がそれぞれに持つ課題を串刺しするような視点を持ち、単に統一や結合ではなく教育と福祉の間に立つ専門性（橋渡し）とは何かに着目し、学校教育の領域と児童福祉・子ども家庭福祉など社会福祉領域の間に立つ領域に、多くのストレートマスターや現職・社会人院生が集いました。スクールソーシャルワーカーの育成はそのプランの一つです。

　2008年の文部科学省「スクールソーシャルワーカー活用事業」は、学校と地域の関係機関との「行動連携」（文部科学省、問題行動に対する地域における行動連携推進事業〈2004-2006年〉）を発展させ、地域の子ども支援や学校支援をめざしたものです。事業の初年度から見えてきた課題があります。それは、専門職がボランタリーや個人的努力で自身の業務を拡幅することで横断的に動くことの限界です。スクールソーシャルワーカーの出現によって、学校と地域の関係機関、児童福祉とのつながりにおける多くの課題と不具合が可視化され、それらを橋渡しする専門職の欠落が浮き彫りになったのです。

（3）「かさなり」を考える

　スクールソーシャルワーカーの職務については、10年近くを経て、ようやくガイドラインが示されました（文部科学省・2017）。

　「SSW は、児童生徒の**最善の利益を保障**するため、ソーシャルワークの価値・知識・技術を基盤とする福祉の専門性を有する者として、学校等においてソーシャルワークを行う専門職である。スクールソーシャルワークとは、不登校、いじめや暴力行為等問題行動、子供の貧困、児童虐待等の課題を抱える児童生徒の修学支援、健全育成、自己実現を図るため、**ソーシャルワーク理論に基づき**、児童生徒のニーズを把握し、支援を展開すると共に、保護者への支援、

学校への働き掛け及び自治体の体制整備への働き掛けを行うことをいう。その
ため、SSWの活動は、児童生徒という個人だけでなく、児童生徒の置かれた
環境にも働き掛け児童生徒一人一人の**QOL（生活の質）の向上**とそれを可能
とする学校・地域をつくるという特徴がある。」

　スクールソーシャルワーカーは、子どもの権利条約や改正児童福祉法を法的
な支えに、子どもの最善の利益を保障すること、教育と福祉をつなぐ役割を担
う専門職であることが明示されました。また、太字部分が文部科学省の文書に
公的に位置づけられた点は、幾分評価できます。

　それは、スクールソーシャルワーカーについて明示していた唯一の文書『生
徒指導提要』（文部科学省、2010）と比べると、大きく異なります。『生徒指導
提要』では、「スクールソーシャルワーカーは、社会福祉の専門的な知識、技
術を活用し、問題を抱えた児童生徒を取り巻く環境に働きかけ、家庭、学校、
地域の関係機関をつなぎ、児童生徒の悩みや抱えている問題の解決に向けて支
援する専門家です」とし、「問題を抱える児童生徒が置かれた環境への働きか
け」「関係機関等とのネットワークの構築・連携・調整」「学校内におけるチー
ム支援体制の構築・支援」「保護者、教職員に対する支援・相談・情報提供」
「教職員への研修活動」など五つの職務内容が列記されていました。いずれも
学校現場（任用者や学校の管理職）が求める業務であり、ソーシャルワークの
目的や方法・技術、価値は示されていませんでした。学校におけるソーシャル
ワークに固有な業務ではなく、社会福祉の専門性より、社会福祉サービスの手
続きや技術を提供する方法が示されていたのです。また、他の専門職との違い
も示されていません。子どもと保護者に対する個別援助や学校を媒介とした支
援とサービスの説明、情緒的な問題を持つ子どもへの治療的対応や教師・保護
者への状況説明、教師に対する個別援助・コンサルテーションは、1994年に取
り入れられたスクールカウンセラーの業務といくつかの点で重なり、地域の関
係機関との連絡業務や政策立案の作成・提出などに関与できるソーシャルワー
カーの専門性は奥に隠れていました。

　2017年のガイドラインに「SSWの職務内容等」として示された「ソーシャル
ワーク理論に基づき、児童生徒のニーズを把握し、支援を展開するとともに、
保護者への支援、学校への働き掛け及び自治体の体制整備への働き掛けを行う

こと」を軸に、「①不登校、いじめ等の未然防止、早期発見及び支援・対応等」に関するスクールソーシャルワーカーの職務は、次のように示されています（〈　〉内は筆者による要約）。

（ア）地方自治体アセスメントと教育委員会への働き掛け〈自治体の「不登校児童生徒数」や「いじめの認知件数」などを把握し教育委員会のニーズを把握して、具体的な活動の目標や内容の決定に助言すること〉

（イ）学校アセスメントと学校への働き掛け〈「問題を抱える生徒の状況、就職・進学率等の状況や学校における児童生徒への支援体制等」の動勢を把握し、授業参観や定期的な委員会やケース会議などに出席して組織的な取り組みのためのアセスメントを行う〉

（ウ）児童生徒及び保護者からの相談対応（ケースアセスメントと事案への働き掛け）〈子どもや保護者への個別相談や個別援助にあたり、組織的な支援策の検討を繰り返しながら、「校内の複数の関係教職員が事案の情報を共有し、判断する仕組みを作ること」を行う〉

（エ）地域アセスメントと関係機関・地域への働き掛け〈地域のネットワークをつくりだしながら、ひとり親世帯の状況や就学援助受給率などの把握による地域アセスメントを通じて、子ども支援に役立てていくこと〉

これにより、学校における多職種連携を考えるとき、他の対人援助とは異なる部分と重なる部分とが、独自な能力や技術として示されたわけです。

なお、ソーシャルワークのグローバル定義にあった「環境への働きかけ」という文言は、2014年に改正された定義からなくなり、多様な支援者の「集団的責任」に変わりました。これも学校における多職種連携に有効な用語です。

　※2017年4月より、学校教育法施行規則が一部改正され、スクールソーシャルワーカーが学校の「職員」となりました。

第四章　小学校　第四節　職員

第六十四条　講師は、常時勤務に服しないことができる。

第六十五条　学校用務員は、学校の環境の整備その他の用務に従事する。

第六十五条の二　スクールカウンセラーは、小学校における児童の心理に関する支援に従事する。

第六十五条の三　スクールソーシャルワーカーは、小学校における児童の

福祉に関する支援に従事する。

3 東日本大震災からの多職種協働

（1）多職種が子どもを育てる

　ある分野や領域が、他の分野や領域の中に一つの共通基盤を求めることは、おかしいかもしれません。しかし、多くの職種が同時に多職種協働（連携から協働）への意識を強固にした出来事があります。それが東日本大震災です。

　震災から10年が経ちますが、当時の学校関係者にとっては、震災後の教育復興をめぐる様々な振り返りがあります（鈴木庸裕編著・2021）。子どもたちの問題行動や家庭での養育困難、ネグレクト、貧困など、その背景にある生活課題に誰がしっかりと寄り添ってこられたか。日常的な子どもたちへの気づきや組織的対応、問題提起や提案、学校現場から関係機関へのSOSの橋渡しはできていたか。こうした多職種連携のつなぎ目（調整役）に、自分たちはなりえてきただろうか、と。

　ふり返りに共通しているのは、教職員や医療、保健、福祉などの専門職の「元気回復」を目的とした具体的な施策が、いまだに不十分なままだという点です。さらに、震災後の混乱の中で、学校内外や地域（学区）内で、立場や役割を超えて多様な支援者が肩を並べてつながりあった事実が、時間が経つにつれて震災前に戻ってしまい、多職種連携のための専門性が風化したことです。「あのときは一緒にやれたのに」という思いも、徐々に薄まっていきました。

　「被災地」の教育活動を考えると、現在も他の自治体に学校自体が避難し、「区域外就学」を含め、震災前の在籍児童生徒数の数パーセントに満たないところや、県内外に保護者が散らばりPTA活動が未開催の学校も少なくありません。この現実を引き受けることが、今も教師や教育関係者の課題として重くのしかかっています。多職種連携は、学校が「被災地」地域の一機関（生活支援機関）として、子どもの生活と安全を守る役割をもち、学校において「一つの部局や立場からだけでは子どもや家族を支援することはできず、多職種が最初から協働することが大切である」という震災の教訓からも求められるものです（鈴木庸裕・2014）。

　その教訓は、個々のワーカーだけでなく、その活動組織にも波及しました。

福島県内のスクールソーシャルワーカーは、2020年4月現在、七つの教育事務所と32市町村（県内59市町村中）の教育委員会に、スーパーバイザーをあわせて50名を超えて配置されています（複数地区兼務者を含む）。市町村独自財源で週5日「常勤化」した自治体や、要保護児童対策協議会の専門員と兼務する自治体もあります。2011年3月11日の震災直前には4市町村で1名ずつ、合計4名だったのが、同年7月には震災後の子どもや家族、学校、教職員への対応を目途に17名になり、その後、毎年増員され、今日の陣容になりました。

（2）行政圏から生活圏へ

　福島県では、スクールソーシャルワーカー業務の組織的な面でも特徴があります。

　教育事務所配置のスクールソーシャルワーカーは、市町村の枠を超えた広域から生徒が通う県立学校（特別支援学校を含む）への対応や、教育事務所内の自治体（市町村）をまたぐ事例にも、実績をあげてきました。震災後、他の都道府県へ避難・移住した子どもたちと関わり、県外の教育委員会と連絡を取り合うケースや、避難自治体が他の自治体の中に役場や学校を持っているケース。児童生徒には在籍校のある居住地自治体が関わりますが、保護者は住民票のある基礎自治体の保健・福祉部局のサービスを受けるため、親と子が分断されるかのような家族支援が蔓延しました。子どもたちのために居住地主義を貫いた学校であっても限度がありました。スクールソーシャルワーカーは、このズレや隙間を指摘する機会や橋渡しの場面に数多く遭遇しました。そこで「家族まるごとの支援」が震災後の大きな教訓となりました。このような組織的な活動は、いじめ防止対策推進法（2013年）における重大事態や子どもの貧困対策大綱関係（2014年）などへの対応にも活かされました。一つの自治体の枠を超える「広域支援」（教育行政が持つ素地）は、子どもの貧困や生活困窮世帯への対応においても、学校教育の領域を巻き込んでいくことになりました。

　市町村教育委員会配置のスクールソーシャルワーカーは、教育委員会や教育センター（適応指導教室）に籍を置くことで、中学校区内の幼保小中の連接も含め、自治体の児童福祉や障害福祉、保健、子育て、市民課部局などと連携しやすくなりました。個々の学校に配置されているスクールカウンセラーの業務

とは大きく異なるスクールソーシャルワーカーに固有の専門職性であり、教職員にも理解されやすかったといえます。

（3） 他職種との交流研修の機会

　その後、年度を追うごとに教育委員会によるスクールソーシャルワーカーの初任者研修が実施されるようになり、教育職と福祉職がともに専門職性を確認し、認め合い、情報共有を組織的に行う意識が、教育行政側から主体的に示されるようになりました。ある地区のスクールソーシャルワーカーの連絡会では、地域の他職種・他領域の専門施設の視察や職員との懇談、地域の医療、保健、福祉、司法、心理などの専門職を講師にした学習会のプログラムを、指導主事が一緒に参加してつくりました。これには、先に述べた風化防止の意味もあります。

　東日本大震災、東京電力福島第一原発事故の影響は、今なお続いています。被災地の生活現実に即して、スクールソーシャルワーカーたちは、どのような力をつけてきたのでしょうか。震災後の実践や教訓から、以下のことが言えるでしょう。

　第一に、ある職種が地域や広域という自治体をまたぎ、人々の生活圏でものごとを見ていく視点です。スクールソーシャルワーカーがいる市町村といない市町村が混在する都道府県で、スクールソーシャルワーカー配置が進展しない理由はここにもあります。個々に異なる雇用条件や職務（時給や勤務条件）の格差だけが理由ではありません。

　第二に、人々の生活やくらしを途切れさせない、切れ目のない生活環境を保障していくことです。これは子どもや家族がこれまでどんな経験をしてきたのかをしっかり見ていくことでもあります。平均でも5回から7回の転校や転居を繰り返した被災地の子どもたちや家族が、どのような経験をしてきたのかを想像する力です。その気づきは、既存の理論枠組みや経験則に当てはめた支援では事が進まないことの検証になります。

　第三に、リスク対応ではなく、日常普段の生活に着目して考えることです。多職種連携とは、日頃から対話のある関係や信頼関係を結んできていることを試される場になります。

4　児童虐待をめぐる協働の視点

（1）子どもの生活現実を埋め込ませないサイン

　学校でのケース会議で、児童虐待が「家庭での養育困難」「複雑な家庭だから」という言葉の中に埋め込まれてしまうことがあります。これらの言葉は、手立てが見えないときに使われます。教師が職権上、自身が担当すべきかどうかわからないので「複雑な家庭」としているのかもしれません。教師は、児童虐待の防止や発見、通告の対応者として法令に列記されているものの、個別性や守秘性の高い情報や助言指導をめぐる十分な救済や権限の保障が付与されていません。学校組織に児童虐待の対応をめぐる専門的な後方支援が不足した場合、その事案を抱え込まざるを得ず、学校や教師の見守りが一時保護までの待機場所になるという厳しさが生まれます。

　障害や貧困、孤立、障壁、特別なニーズや個別の配慮を必要とする（必要に至る経験をしている）子どもたちの家族とじっくり話ができないために、校内や施設内、職種内、職域内の同僚性が「子どもの声」を後方に追いやってしまうという事態を強固にする言葉が、「共通理解」「早期対応」「情報共有」「チーム支援」といった現場用語です。そこで言われる「共通理解」とは、例えば不適切な養育や困難、貧困のとらえ方において、子どもがこれまでにどのような生活経験をくぐってきたのかが客観的な事実として共有できていないことであり、何に取り組むのかという目的が職種間で異なってしまいます。「共通理解」という言葉は、個々の認識（温度差）を温存し、他人事化を生み出します。「情報共有」も同様です。また、「早期対応」の早期とは、支援者の認識や業務の枠組みを規定するための言葉であり、当事者の認識や知識、感情とのズレを生み出します。当事者の参加や本当の願いを支援者がネグレクトする危険も出てきます。「チーム支援」も、チームの構成員が主体となる分、介入対象が客体になってしまいます。

　しかしながら、「複雑な家庭」という表現は、スクールソーシャルワーカーにとって気づきの宝庫です。それは、「教師の手に負えないようならスクールソーシャルワーカーが関わる」「スクールソーシャルワーカーに家庭訪問してもらう」ということではなく、協働のサインだからです。

（2）引き継ぎの大切さ

　チームには、介入する個や環境の中に支援の輪をつくるモデルになることが求められます。ある家庭との関わりで、父親には学年主任、母親にはスクールカウンセラー、子どもには担任と養護教諭という対応があるとき、この家庭と地域住民とをつなぐのがスクールソーシャルワーカーです。その際、学校と保護者という組織と個人との関係は、個人が弱者に、チームが強者となり、強者であるチームが親の指導や生徒指導の担い手となるため、厳しい侵襲になる危険もあります。

　養育に苦戦している家庭に対し、児童虐待後の見守りを教職員が行うとき、子どもの保護や発達保障は学校の教育的機能です。多様な支援者や関係者が連携し、様々な援助が行われた後に、学校の担任がそれらを受けて統合的な支援を担う局面があります。そこで担任が問題を発見し、一定の取り組みがうまくいかない場合は、ケース会議の場に報告（申請）があり、チームで対応します。しかし、それが落ち着いてくると再び担任（ソロ）による支援へと戻っていく。こうしたシステムが、学校では日常化しています。

　担任がそれまでの支援を受け取るとき、そこに人間関係や支援のほころびがあれば、その是正を含めて担任がソロで対応しなければなりません。数直線で示すと、ゼロからではなく、マイナスからゼロに向けてソロの作業が始まるわけです。派遣型の勤務形態のスクールソーシャルワーカーには、こうした前任（者）の行動やクライエントとの関係が見えないところからスタートする厳しさがあります。学校支援の面でも、それまでのばらばらな支援や切れた信頼関係を修復し、回復する場が必要になります。学校の福祉的機能に多職種のネットワーキングがある根拠はここにあります（学校のもつ福祉的機能と学校におけるソーシャルワーク機能との差異をどう整理するのかは未発です。スクール・ソーシャルワークとスクール・ソーシャルサービスとの違いを明確にするという点で、社会福祉の領域においても類似する検討事項があります）。

　その際、多職種連携をめざす人に求められることは、第一に、ヘルプを求めることが専門性であることを相手に伝え、相手の抱え込みの防止を企画立案、提案、実行する説明責任です。第二に、ケアの連続性、教師間の同僚性と異種専門職間の同僚性、そして一人による指導と複数による支援の違いを自覚する

ことです。第三に、学校や職場の応答性を高める役割です。第四に、適切な社会的資源であるかどうかの判断も含め、地域住民との多様な連携の糸口をさぐることです。連携は、間に入る者が中立性を担保できるかどうかにかかっています。

5　いじめの重大事態調査における多職種連携

（1）専門職との距離感

　多職種連携において、異なった専門職の協働が顕著に問われるものに、いじめの重大事態に関わる調査委員会活動があります。協議体であるため連携という印象は持ちにくいですが、協議や議論の上で、自己の専門性の裏付けや確認がつねに突きつけられ、「他の職種」を強く意識する機会になります。

　「この人はいつもこんな感じで他の職種と仕事をしているのだろうなあ」

　「他の職業人と一緒に仕事をする経験の少ない人なのだろうなあ」

　これは、医療や保健、地域、学校、福祉施設などと一緒に仕事をしているスクールソーシャルワーカー（社会福祉士）の声です。この声には、はじめて出会った他の専門職との距離の取り方を瞬時にアセスメントする専門性があらわれています。

　ソーシャルワーカーは、理想として、人々の間や物事の境界面に立ち、AとBの連携の際、その両者の間に入り、調整や代弁・代理、翻訳を行うCという立場となり、連携を成立させます。スクールソーシャルワーカーも、いじめや自殺、不登校の減少をめざす活動をするとき、子どもの生活背景や環境に入り、そこからストレングスやエンパワメントに向けての事実や現実を収集し、ミクロからマクロに及ぶ問題の背景を読み取ろうとします。

（2）調査委員会での対話

　以下は、多職種で構成されるいじめ防止対策推進法による調査委員会の様子を対話形式で再現したもの（筆者の創作）です。重大事態の聞き取り調査で、加害者や被害者からの聴き取りをする社会福祉士の様子を見て、

弁護士：あなたの質問の観点から、たくさん学ぶことがあるね。

心理士：マスコミなどいじめの有無に関心が焦点化されやすい社会風潮の中で、

何があったのかだけでなく何がそうさせたのかに着目する姿勢はとてもユニークですね。

福祉士：問題を抱えるという言葉がありますが、「問題を経験してきた」と言い換えて考えています。「抱える」とすると個人責任（自己責任）へ誘導してしまうと思うので。

弁護士：でも、そこは検証できないでしょう。そこまでは必要がないのではないでしょうか。

福祉士：その経験を幅広く聴き取りや調査から明らかにすることは、今後の予防の面で加害・被害に及んでしまう子どもたちを生みだす社会構造の是正まで調査報告書に書き込んでいくときに大切だと思います。

弁護士：調査では家庭環境は関係ないでしょう。加害者の養育環境の影響がどの程度なのかは、事実確認の面であまりにも長期間にわたるため、わからないのでは。

学識経験者：そもそも調査委員会への諮問書は、いじめの有無を明らかにすることだから。

心理士：弁護士さんは、時系列にものごとを丹念に見ていくことに優れていますね。どこで何があったのかに関心が強い。白黒を付けること。心の動きや葛藤は確定できないものだからといわれますね。

弁護士：事実認定という一つのことを証明することに力点を置き、証明できなかったものはなかったもの。事実を蓄積していく手順、そして、これらを文書で示していくことが多くの業務時間になっている。それが私の特徴です。

福祉士：でも、加害、被害を問わず、ともにどのように育ってきたのかには立ち入りたいです。そのことは報告書には書かないとしても調べておきたい。

心理士：その意図は、どういうことですか。

福祉士：事案の検証だけでなく、今後、学校において教職員が予見する（予防の）視点の提案になると思うからです。

心理士：私は、個人の生活の背景には関心を持ちますが、かといってその情報までは求めないです。

福祉士：いじめは家族関係まで見なくていいものという理解は、個々の専門性からくる見識というよりも、いじめは教師が指導するものであり、学校教育の

所掌範囲であるという視点が私たちにあるかもしれません。もし、このいじめ防止対策推進法が「ハラスメント法」という名称だったら、もっと厚労省の所管にある専門組織や専門職種も積極的に関わるのかもしれません。こうした提案も私はしたいです。

心理士：被害者だけでなく、加害者の側の悩んできた親にも話を聞いてもらいたいという気持ちがあるのではないでしょうか。こうした調査委員会の委員になると、調査の過程で、こうした気持ちに寄り添おうとすることができなくて残念です。「白黒を付ける調査」と「支援のための調査」には大きな違いがあると言わざるをえません。

福祉士：家庭のヒストリーや学校の中で足りなかったものを見つけていくことが、いじめ防止の般化につながるのではないでしょうか。

　こうしたやりとりの後、誰からともなく、「教育委員会は調査委員会の報告書が出るまで何も動かなくなるのはいかがなものか。『第三者委員会の報告を受けないと何もできない』という姿勢を示していますね。でも、こうしている間にも、子どもや家族の苦しみがあります。その姿に寄り添わない行為は、被害者（遺族）から見ると置き去りになった感があります。そして、調査結果が出るまでの間、学校現場や生徒たちにどんな変容がどう進んできたのかに関心が向きます。学校の主体的な動きもなく、何の変化もないとそれが憤りとなり、結果として調査委員会の報告後、被害者側の不服申し立てによる再調査だけでなく、個人を特定した賠償請求などの個別係争になることがあるのではないでしょうか」という意見が出されました。

（3）多職種で共通の目的を持つこと

　教育委員会の附属機関や首長部局での再調査や校内のいじめ対策委員会のいずれにおいても、調査は誰のためのものかと言えば、それは苦悩を抱えた（経験してきた）子ども自身のものです。何があったのか、真実を知りたい、という家族や保護者、他の子ども、教師の願いに応える具体的な組織でなければなりません。

　校内のいじめ対策委員は、従来の校務分掌の原理—校長の校務掌理権とは

異なる次元で設置されるものです。いじめ対策委員会は、教師にとっても、子どもにとっても、困ったときに助けてもらえる組織であるべきです。失敗しても支えてもらえる組織であり、外部に開かれた組織であることが求められます。こうしたことを教職員間・専門職間で共有するために、最初に「これは何を目的とする委員会なのか」を確認する作業が欠かせません。

　調査委員会の役割は調査・検証・報告・提言だけではありません。被害者（家族）や教師、児童生徒、他の児童生徒や保護者、教育委員会、教育事務所、医療・福祉・保健機関が、ともに「調査協力者チーム」であることを喚起していく発信の場としての役割があります。今後は、学校（加害者を含む）と被害者（親や遺族など）と教育行政をつなぐコーディネーターの役割も持つべきです。遺族も「調査協力者」です。調査委員会はこうした関係者との協働を生み出すことにより、被害を受けた子どもの権利擁護に資することができます。

　いじめの調査委員活動は、多職種協働の訓練の場、協働アセスメントの創造の場、「チームアプローチ」を学ぶ場だと言えるでしょう。

6　これからのチームアプローチを考える

　第1講では、多職種連携の課題と期待を示しました。ここでの結論の一つは、チームとは介入した個人や集団・組織の中に公平性と中立性を旨とする組織を創出するロールモデルである、ということです。

　「チーム学校」論は、当事者（子どもやその保護者）の参加を前提にしていません。問題を抱え込んだ教師の重荷をみんなで分担するチームもあれば、絡みあった問題をほぐして整理・分類し、それぞれについて適切に扱える人が分業するチームもあります。ある事柄にしがみつかれること／しがみついてしまうことからの解放を行うチームもあります。「チーム学校」でいうチームとは、同職種での構成ではなく、異なる三つ以上の職種で構成するものです。二つが連携だとすると、三つ以上ではじめて協働が成立します。そもそも連携はソロとソロとのつながりでしかありません。

　学校における多職種連携の目的は、学校の多様化や子どもの多文化化を保障する学校づくりだと考えます。対象の多様性は、専門職の多様な実践から導かれます。これまで教師による「ソロアプローチ」になりがちだった学校教育で

は、一つの専門性が子どもの多様性を閉じ込めていました。緊急、重大といった問題解決チームが多職種連携なのではなく、日頃の子どもや保護者とともにある多職種連携の役割に関心を高めていかねばなりません。

　近年、○○支援という用語が濫立し、様々なことが支援の対象にされています。支援とは、誰から見た、誰に対する支援なのか。教職員の「困り感」から出発すると、子どもの存在が見えづらくなります。支援と言われると、当事者側は拒否しにくく、選択しにくいものです。支援の質や範囲が、支援提供者によって決められることもあり、支援される枠に収まるような自己をつくりかねません。また、支援する側に回りたいという願望も生み出します。これらは、支援を語る誰もが内省すべき点です。

　特に、「誰のための支援なのか」という問題は、学習支援ボランティアや災害ボランティアが広がる中での「対人援助とは何か」「支援が持つ加害性」をめぐる議論（支援者側に当事者理解が薄かったり、パワーオーバーになることで、「支援」によって当事者がつらい思いをすること）から学ぶ必要があります。

　多職種連携にとって先行する分野や領域の一つに、医療従事者による「チーム医療」（第7講参照）があります。それが示唆しているのは、利用者のニーズや表出されないSOSを事前に見抜き、多様な利用者への取りこぼしのない対応への「準備」をすることです。また、地域福祉からの示唆は、「地域包括システム」（社会福祉士や保健師、ケアマネジャーという職種の設置）に見られるような法的な根拠の必要性です。個々の専門性が活かされる「アセスメント」の場が保障されてこそ、実践に及ぶことができます。

　今後、スクールソーシャルワーカーやスクールカウンセラー、スクールロイヤーと一緒に仕事ができる教師をどう育てていくのか。弁護士と一緒に仕事ができる心理職や福祉職をどう育てていくのか。組み合わせは様々ですが、それぞれの専門職の育ちを串刺しする視点を考えていく上で、「チーム学校」論は絶好の機会だと言えるでしょう。

【引用・参考文献】
篠原清昭編（2012）『学校改革マネジメント』ミネルヴァ書房、p.7

鈴木庸裕編（2015）『スクールソーシャルワーカーの学校理解』ミネルヴァ書房

鈴木庸裕（2014）「震災復興が問いかける知と学び」日本生活指導学会編『生活指導研究』31号、p.69

鈴木庸裕（2017）『学校福祉のデザイン』かもがわ出版、p.36-42

鈴木庸裕他編（2020）『「いじめ防止対策」と子どもの権利』かもがわ出版

鈴木庸裕編著（2021）『福島の子どもたち』かもがわ出版

日本生活指導学会地域生活指導研究会事務局編（1991）『90年代地域生活指導・課題を探る』

間宮正幸（1991）「その後の地域生活指導実践の現況と課題をさぐる」日本生活指導学会地域生活指導研究会事務局編『90年代地域生活指導・課題を探る』p.6

文部科学省（2010）『生徒指導提要』p.128-129

文部科学省（2016）「チームとしての学校の在り方と今後の改善方策について（答申）」
http://www.mext.go.jp/b_menu/shingi/chukyo/chukyo0/toushin/attach/1366271.htm

文部科学省（2017）教育相談等に関する調査研究協力者会議「児童生徒の教育相談の充実について～学校の教育力を高める組織的な教育相談体制づくり～（報告）」p.11-12

第2講 学校福祉の創造と生活指導論の転換

　学校福祉を考える上で、生活指導との位置関係を確認することが大切です。それは学校における福祉的機能と子どもたちの生活の質の向上には、固有の技法や技術が介在するからです。

　本講では、学校福祉が、教育的ケアを源泉とした第三の教育実践から出発していること、そして学校福祉の創造と生活指導の転換における、その転換と創造を串刺しする機能であることを述べます。これは学校福祉実践の担い手が自己の職務性を確認する上で重要になります。

1　学校福祉の科学、技術、実践主体

（1）生活指導とのリンク

　日本の公教育にソーシャルワークの理論が関わる機会はあまりありませんでした。それはソーシャルワークが未成熟なのではなく、「子ども福祉」や「家庭福祉」を教育実践に組み込もうとする教育科学の無関心に起因します。教育実践の実践主体が教師（教諭）のみであったため、児童福祉、地域福祉、医療福祉、司法福祉といった領域・分野と比較すると、学校福祉には社会福祉専門職の居場所はありませんでした。

　しかし、学校は、多問題家族へのアプローチや児童虐待の世代間連鎖性を持つ家族、非行生徒への対応、不登校（長期欠席）児童生徒とその養育者との対話、学校と地域・家庭との閉塞状況に携わってきました。日本でも学校における社会福祉事業が望まれると言われて60年以上経ちますが、生活保護の受給や生活扶助、就学や就職相談の際、学校・教育機関への「問い合わせ」や「資料請求」という社会福祉サービスの提供というレベルにとどまってきました。それが今、次頁の図のように学校や教師（教員）の周囲にこうした職種や機関、組織、個人の顔ぶれが位置づく時代になりました（日本社会福祉士会子ども家庭支援委員会・2020）。

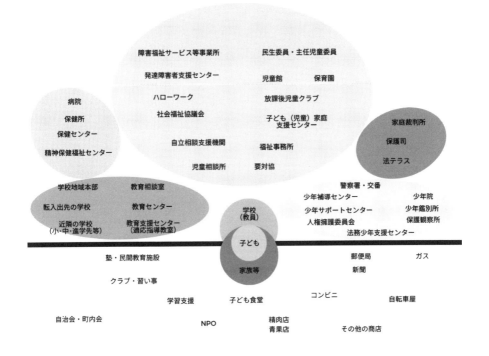

とは言ってもまだ、こうした専門職や地域住民との連携は専門的な科学や技術、実践主体の形成を基盤とするよりも、自前の経験の蓄積に依存しています。教育委員会組織を一つの例にとっても、日本では、アメリカ（北米）やイギリスのように、社会福祉士や臨床心理士、精神科医などが教育委員会の正規職員にはなっておらず、こうした専門職が独立した職務遂行権をもつという仕組みに本質的な違いがあります。

（2）日本におけるソーシャルワークの総説

　日本におけるソーシャルワークは、イギリスやアメリカの市民のセツルメント運動や精神医学の影響を受けた諸技術の紹介からはじまりました。ソーシャルワークは具体的なサービスによる支援であり、クライエントの持つ社会的方向性を見定め、その支援的関係そのものが当事者の生活環境を改善するものです。M.E. リッチモンドによれば、ソーシャルワークとは、社会改良の一活動領域として「クライエントの社会関係というあらゆる線をたどって外へ外へと

放射状に広がっていく」（リッチモンド・1991）営みです。生活上の社会的困難や障壁を抱える個人や家族に、社会的な側面から支援していくものです。ソーシャルワークとは、当面する生活障害や生活破壊を克服するため、当事者が多面的なアプローチを選択、収集、結合し、再調整する過程を、他の専門家と共有する（社会制作）ことです。この再調整とは「元に戻す」ことではなく、社会環境の変革を志向する主体性をその個人や社会に「埋め戻す」ことです。直すこととともに保つことでもあります。

　歴史的に見ても、カウンセラーとソーシャルワーカーの差異は「個人内」か「個人間」「個人─社会間」かにあります。ソーシャルワークは、子どもの外面に課題を見いだし、子ども、家庭、学校、地域社会の全体性に迫っていきます。だからこそ、代弁者である支援者は社会環境に働きかけます。学校では、教育環境や学習環境も社会環境です。

　いじめや虐待、問題行動などは総じて「社会問題」と呼ばれますが、社会がその問題の克服に動きだそうとしてはじめて社会問題と呼べます。「地域が子どもを育てる」という考え方も「子どもが地域を育てる実践主体になる」（鈴木庸裕・2007）、その実践主体の確立が求められます。

　このソーシャルワークの機能には、仲介機能、調整機能、代弁機能、連携機能、処遇機能、治療機能、教育機能、保護機能、組織機能、ケアマネジメント機能、社会変革機能があります（高橋重宏・1994）。これらは、いずれも子どもや家庭から要求を正しく導きだす環境とそれに応じる社会の環境の両面を同時に実現していく役割です。学校におけるソーシャルワークを規定する際、かつて「生徒の問題を彼らみずからの力でその問題を克服してゆけるように援助するところの専門社会事業の一分野」（『社会福祉事業辞典』・1966）とするものや「学校生活に適応できない状況にある児童に対し、その家庭や社会環境との調整をはかることによって問題解決を試みるケースワーク等の専門社会事業活動」（一番ヶ瀬康子・1974）という規定があるわけです。しかし、その後、「学校生活を過ごす中で様々な困難に直面している子どもたちが、可能性を十分に発揮できるようにするためのソーシャルワーカーの援助システム」（京極高宣監修・1993）とし、子どもへの直接支援より学校や家庭、地域社会の相互の関係に重点が移動していきました。

学校教育が責任を持つべき福祉（Well-being）の営みとは何かを洗い出すときに、学校環境自体が社会的資源です。学校の福祉的機能と地域や家庭への支援機能の結合は、子どもの生活現実から出発します。

　したがって，ソーシャルワーク論の中で学校福祉とは、第一に、その方法技術が、当事者の生活状況や環境、社会的環境によって決定される前に、当事者の要求と必要から導き出されます。第二に、インフォーマルな支援システムを、社会技術として、公教育制度の中で「公的な技法」に高めていくことを目的とします。第三に、教育と福祉をめぐる政策動向、主に子どもの権利条約や国内の児童福祉法改正を学校教育と児童福祉の結節点にします（鈴木庸裕・1997）。学校福祉論は、個人や集団・社会に介入する根拠として、行為主体の義務と責任の所在を外在的な要因に拠るのではなく、自己の意思表明が根拠になります。

2　学校における子どもの生活の質（QOL）の向上

（1）学校における「事実としての福祉」への接近

　学校は子どもたちの「生活（いのちとくらし）の質」の向上を保障する。このことは、子どもたちの文化的で健康な人間的生活を実現する努力への個人的な自助や外部からの恩恵・慈善（Welfare）ではありません。人々の自由と平等、連帯、人権尊重、自己実現（Well-being）の価値に裏付けられるものです。しかし、生活向上の発展は、どうしても「生活の質」を高める手続きや経済的給付からはじまりがちです。

　学校が福祉の観点を持ち込まないと、地域や家庭とのつながりが希薄になり、子どもたちも少子高齢社会を取り巻くマクロな視点から縁遠くなります。したがって、学校におけるソーシャルワークは「生活の質」を高める諸サービスを、学校のもつ機能と統合し開発する営みだと考えねばなりません。

　その意味で、学校福祉は第三の教育実践です。要保護や準要保護、生活保護基準や最低生活費といった生活扶助が子どもや家庭へのスティグマ（偏見）にならないことや衣食住の環境整備などは、教師の職務範疇からみて「はみ出したもの」でした。教師の認識も要保護家庭への教育費徴収免除など、給付的代替的なものを福祉的視点としてとらえてきました。

　教育問題には、子どもの学業不振、怠学、長欠、薬物乱用、親の無気力や経

済的貧困、放任、養育機能の低下、児童虐待、ネグレクト、家族危機といった言葉があふれています。しかし、これらの背景には、人と人（人と社会）との関係が切れる、孤立があります。人に対して援助や支援としてつながることは、その一方でその人がこれまでもっていた関係を断ち切ることになり、ストレスと疎外感を高めます。ここに、「事実としての福祉」があります。

（2）生きづらさと向き合うために

　子ども社会のストレスフル状況、いじめに見られるような高密な葛藤状態、それらを克服できない状況は安心して生きることからの疎外であり、人間生活の福祉的環境の不在です。これが「反福祉的状況」と呼ばれてきました。今日では、「生きづらさ」と呼べると思います。

　この生きづらさを読み取るところに「事実としての福祉」があります。いじめ防止対策を例にとると、まずここには大人の権威性や「あなたは子どもだから」という「保護」観があります。いじめは無くすものという「撲滅論」は、その誤った対人関係からあるべき対人関係の構築にたどりつくまでの学習プロセスを奪い去ります。喧嘩両成敗型の指導は、人間関係の摩擦や葛藤をあからさまにしない対処であり、「いじめられる側にも問題がある」という発想を野放しにし、いじめる側の教育的ニーズへの着目を弱らせます。何を事実とするのかの尺度を権威者が持つ、つまり「危機管理」の思想が働きます。

　この生きづらさとは、専門家と当事者、専門家と専門家それぞれの連携の質とチームワークの欠如の結果です。不登校（登校拒否）は、1960年代は「良い子の息切れ」や学力の高い子どものスクールフォビア（学校恐怖症）として問題化され、70年代は集団や仲間に入れない子どもや低学力、身体症状や心身的葛藤で悩む子ども、80年代は養護・養育不全や虐待問題を背景にして問題視されました。年代によって推移したというよりも、それは問題事象の数量的推移よりも対象理解を進める側の、子どもの生活の質に対する理解と早期発見や対処のチームワークの質的転換に起因します。さらに専門家相互に共有しうる虐待概念や子ども観、家族観の交流や情報交換のありようによっても理解が変容してきました。

（3）教育と福祉の「谷間」論の克服

　「はじめに」でも述べましたが、教育と福祉の谷間が社会的課題として取り上げられてきた歴史的画期に共通するのは、急激な社会変化による子ども・青年の生存権と学習権の危機状況です。

　近代学校成立期には過酷な就労や未就学の問題、敗戦期には戦災孤児の保護や生活の困窮、高度成長期には子どもをめぐる地域破壊と生活破壊、低成長期にはいってからは受験競争の激化による学習・文化の商品化、そして今日のいじめ問題や児童虐待問題です。教育や福祉への受益者負担型ライフスタイルの進行、福祉国家の転換による教育・福祉のリストラ問題など、それぞれの時期に課題の発端があり、いずれも重複ないし未克服のまま現在にいたっています。ここに「谷間」論の克服視点があります。

　これまで、子どもたちの保護とそれをめぐる子ども観の把握に関し、教育・福祉行政や関係当事者の相互理解と子どもの権利の相互保障の仕組みが未確立であったこと、つねに教育と福祉をめぐる行財政的要因によって左右され、両者の内発的な結合努力が十分に総括されませんでした。このことが「谷間」を埋めることを阻んできました。そのことについて、戦前では城戸幡太郎や篭山京、留岡清男らによる「生活教育」論、戦後では小川利夫らによる「教育福祉」論が示しています（第4講で詳述します）。

　しかしながら、人間生活の普遍的な価値の追求という子どもや青年の福祉への諸サービスはあっても、そこで学習と発達の権利が十分に示されないといけません。学校福祉論が追求することは、この教育と福祉のつながりへの結節点に立つ専門職の解明と、教育福祉論における80〜90年代の空白をどう埋めるのかという作業です。子どもの学習権保障ならびに現代的貧困の研究において、経済的尺度の枠組みが取り払われその背景や帰結となる事象の追求という社会科学研究の細分化が、教育福祉論の理論的成熟に停滞をもたらしました。福祉と教育の戦前から続く行政主導かつ縦割体制を乗り越える実践や取り組みは数多くあります。これも事実としての福祉です。学校教育から福祉的事項が一つひとつ離れていくことにより、一元的能力主義が進行する中、「福祉は教育の限界を補完するもの」というとらえ方も改めねばなりません。

3 環境としての発達支援
〜 克服環境の一員としての専門職性 〜

（1）つなぐ教育―第三の教育実践としての学校ソーシャルワーク

　深刻ないじめや不登校・ひきこもり、学級崩壊、凶悪な少年非行問題などへの対応をめぐり、学校・教師自身の援助要請（ヘルプ）や学校との父母提携や地域連携が求められます。繰り返しますが、かつて文部省の「『児童・生徒の問題行動』協力者会議報告」（1998年3月）は、「学校の『抱え込み』から開かれた『連携』へ―問題行動への新たな対応」の中で、校内ですべての問題を解決しようとする抱え込み意識を廃し、適宜、外部の関係機関に相談、対応を委ねるなどの積極的連携を提言しました。しかし、この報告は、学校と地域の関係機関との連携について、従来の連携（学校警察連絡協議会や児童福祉施設との連絡会）の形骸化を指摘しているにもかかわらず、連携の努力を個々の担当教員に委ね、学校全体としての機能の実効性にとってはプラスだったと言いがたいのです。この「現在の連携の在り方における問題点」として以下の点を指摘しています。

　　〈学校側〉問題やその指導対処を外部に知られたくない、外部機関の業務内容や情報交換、担当者間の日常的交流の欠如、外部機関への指導・援助依頼が学校側の指導放棄と受け止められることへの懸念。関係機関や保護者に対する学校の指導方針への説明不足。

　　〈保護者側〉家庭の教育機能の学校への過度な依存、学外での問題に対する学校からの評価、外部専門機関への役割認識の弱さ。

　　〈関係機関側〉学校への協力度、学校と連携のない独自な対応、連携上の信頼関係。

　これらに共通する事柄は、適切な相互理解、相互の連絡、情報交換、人的な結合における信頼関係というソフト面、そして教師の意識改革というソフト面と組織づくりというハード面です。

　「抱え込み意識」の克服とは、学校の閉鎖性や教師個々の力量不足、外部機関や保護者への働きかけの強化だけにとどまりません。大切なことは、学校と地域の連携、地域健全育成、いじめや非行への地域的対応、保護者の子育て支

援をめぐる課題克服の内在的要因、つまり教師や大人と子どもや青年との指導・援助の支配─被支配関係にあるパターナリズムの克服です。

　教師が子どもを教育することの困難さに直面しながら無力感と孤立感に囚われ、その意識を言語化や行動化する転換システムといった包括的な支援システムが未着手です。その意味で、子どもや青年の自立をめぐるソーシャルサポートシステムでいう school based approach と school linked approach との関係、つまり学校とソーシャルサービスをつなぐ機能の議論が急務です。

（2）克服環境の一員として─地域臨床の視座

　ところで、学校、地域、家庭の連携においてコミュニティを対象とした援助技術の開発は、例えば、日本臨床心理士認定協会では、臨床心理学的アセスメントと心理相談とともに、臨床心理学的地域援助を三つめの事項にあげています。コミュニティ心理学的アプローチは、予防精神医学や地域精神保健を一つの起源としクライエントへの援助責任を「専門家のみがクライエントをかかえこみ責任を取るのではなく、クライエントを支えていくのは地域社会に住んでいる人々なのである。この発想の具体的展開が、コンサルテーションというアプローチに示されている」（山本和夫・1986）といわれます。

　このアプローチに必要な能力について、山本は専門領域の知識と技術、かかわる領域へのある程度の理解、他職種とコミュニケートする能力、フォーマルな関係を構造化する能力、相互関係モデルを考える能力、問題指向的に考える能力、わき役あるいは黒子的役割を果たす能力という5点をあげています。コミュニティ心理学のコンサルタントとは、非継続的、非日常的な関係であることが多く、教師のニーズには指示的に介入し、子どもや家族のニーズ視点に立脚します。教師の指導技術の変更や改善がその内容となりやすく、教師の専門性に寄り添った、あるいは教師の教育実践の文脈に即した変容をもたらすには少し距離が生まれます。

　「抱え込み」は教師らしさであるという信念があります。他のスタッフに子どもを託すことは教師としての敗北、あるいは放棄であるという自己内規範もあります。しかしこれは教師の専門性の放棄です。つねに学校における子どもの幸福を築きあげるチームの一員としての存在意識が専門性の一つです。それ

以上に、学校がそれ単独で存在するのではなく、地域の中のコミュニティセンターであるという理解を高めていくことも専門性です。

　なぜなら、コミュニティとは与えられたものではなく、みずから住民がつくりあげていくものであり、地域住民の同意と参加で学校が運営されるという契約を背景にしているからです。

（3）地域におけるコーディネート機能

　日本では、子どもと社会福祉との接点が学校や学区（校下）を基盤として進んだ歴史があります。ながらく地域福祉の要であった「方面委員」を起点とする民生委員・主任児童委員、青少年健全育成団体・組織によって、子どもの保護や補導と学校教育とが結びついてきました。そして福祉教育がそのコーディネーター機能として地域における子ども福祉と学校を結びつけてきました（鈴木庸裕・1996）。従来からその活動が、ボランティア教育や障害者・高齢者理解学習に収斂する教育方法の抱えてきた問題を子どもの発達論や自立論から、福祉教育の実践主体者はまさしく今日のスクールソーシャルワーカーの役割を果たしてきました。このスクールソーシャルワーカーは、学校教育の補完やリスクマネジメントの導入、学校の問題点を顕在化し改善を求める代弁者として、にわかに立ち上がってきたものではありません。学校、地域、家庭の連携を取り巻く潜在的な克服環境の一員です。

　学校におけるソーシャルワークが、もっぱらスクールカウンセラー制度の進展への批判や問題指摘に傾斜したり、社会福祉士・精神保健福祉士の「職域開拓」と揶揄された背景には、いずれも学校や教師の声を踏まえない「外部からの介入」と映ったことが少なからずあります。教師不在の学校におけるソーシャルワーク論はすでにその勢いを弱めています。これからは、教師とソーシャルワーカーとの職務上の共通点の発見です。今日のスクールソーシャルワーカー活用事業は教師と福祉職との共同作業です。

　1970年代、日本ソーシャルワーク協会の歴史的議論として、医療・保健・司法の専門職とソーシャルワーカーとの関係づくりがあります。その議論の教訓は、学校教育とソーシャルワーカーとのつながりにおいても活かすべきことです。つまり、医療と福祉、保健がそれぞれに結びつきあってはじめて実働する

地域ケアと同様に、教育的ケアへの接近です。

（4）教育的ケアの視点から

　先にも述べたように、学校において福祉は補助的なものなのか。その問いは、教育実践における「ケア」、すなわち教育的ケアとは何かについての答えに匹敵します。子どもの発達の「困難」や問題行動、人間関係のトラブルに迫ろうとする教育実践には、居場所や安心感のない生活、無力感やむかつき、いらだちを癒す働きかけ（共感と対話）があります。そこには子どもとともに悩み寄り添おうとする教師や保護者へのケアも含まれます。どう話しかけていいのか、どこから学級や授業を変えていけばいいのか。いたたまれない思いで日々を過ごす教師。どうして学校にいかないのかと自身の子育てに不安と焦りを募らせる保護者。そのともどもに癒し癒される人間や自然との関係づくりが求められます。そのニーズに応えていく教育実践について、佐藤学は「〈癒し〉としての教育」として、次のように指摘しました。

　「『癒し』としての教育は、人の抱え込んでいる危うい脆さを出発とする教育である。（中略）そこに『癒し癒される関係』が生まれると言ってよいだろう。育ち合い学びあう関わりを実現している教師の実践には、かならずと言ってよいほど、人の脆さに応答する『ケア』とその脆さからくる病や傷の治癒を祈る『癒し』のいとなみが埋め込まれている」（佐藤学・1995a）。教育と癒しの連続性に目を向けること（佐藤学・1995b）は、生きることと学び育つことの社会的循環が脆弱な社会（競争的教育環境）になっていることを指し示します。

　一般にケアとは、看護学での対人援助の技法（資質）を基礎にして生まれた言葉です（日本看護協会・1974）。医学・医療がキュア（治療）であるのに対し、ケアは人間が健康であるための様々なレベルにおける援助であり、直接的に働きかける対象の自助力の回復をめざします。指導と援助の関係での援助のアナロジーから解釈されますが、教育実践の内容・目的・方法の中で論じることができます。耳ざわりのよさによる感覚的な表現ではなく、教育改革、学校改革、授業改革、子ども理解の転換の視角を持ちます。

　また、ケアには、その対象者とケアをする本人への癒しという同時性があります。ケアは、ケアを必要とする当事者の存在をまるごと受け入れる者（教師

や専門職）へのフィードバックにも道を拓きます。児童虐待の問題に引き寄せて考えると、ケアは、心や身体に傷を負った個人とその外傷を生み出す社会的病理の双方向に発せられた行為となります。

「ケアする」とは、保護や養護、世話、援助、支援、補助、介助、養育、看護、福祉など、対象の受動的ニーズによって使い分けられます。この行為自体は次のような点から整理できます。

① 法制的な政策解釈を新たに問い直すもの。
② 指導や指示とは異なる領域での営み。
③ 人間関係での社会的個人的交流やコミュニケーションの性格を示す新たなもの。
④ ある個別ニーズへの体系的な対人援助技術の転換を迫るもの。

あきらかに心や身体の癒しとのつながりだけでケアを語りきれません。

教育的ケアとは、心や身体のリハビリテーションとヒーリング（癒し）のような精神保健や医療、保健・看護、心理臨床とは異なります。教育的ケアを構築する（構造化する）には、いくつかの課題があります。その一つめは、ケアをめぐる諸領域・分野での人間理解に関する文脈を洗いだすことです。二つめは、病理現象への教育学的アプローチとして、A「はみだしてきたもの」、B「つながりが不鮮明であったもの」、C「自覚的ではあったもの」とケアとのつながりの解明です。つまり、学びと癒やし、保護と福祉という「と」を考える研究分野の必要性です。学校福祉の存在理由もここにあります。

（5）子どもの権利条約と学校福祉

さらに学校福祉の予備的な考察において、子どもの権利条約が重要になります。1989年11月20日、「子どもの権利条約」が国連第44回総会で採択、1990年９月２日に発効して30年が経ちます（国内では1994年３月29日に国会が批准を承認し、５月22日に効力を持ちました）。この子どもの権利条約が国内の法制から見てその「規範性」を持ち、学校教育の「規範性」にも及んでいくことが求められます。

この子どもの権利条約の第３条「児童の最善の利益」の第２項をめぐり、政府訳と国際法研究会訳を見ると、以下の差異があります。

政府訳では、「締約国は、児童の父母、法定保護者又は児童について法的に責任を有する者の権利及び義務を考慮に入れて、児童の福祉に必要な保護及び養護を確保することを約束し、このため、すべての適当な立法上及び行政上の措置をとる」とあります。一方、国際法研究会訳（波多野里望・1979）では、「締約国は、親、法定保護者または子どもに法的に責任を負う他の者の権利および義務を考慮しつつ、子どもに対してその福祉に必要な保護およびケアを確保することを約束し、この目的のために、あらゆる適当な立法上および行政上の措置をとる」となります。こうした訳出に焦点をあてると、そこには子どもの権利環境の実態をトータルな視野で認識し最も有益な対応の選択権を、子どもたちとともにその保護にあたる人々にも託していることがわかります。

　子どもの幸福と福祉（Well-being）ととらえる際、最善の利益は、前者は最も重要な利益として考慮するものだとし、後者は考慮される必要のある利益の中で主なものの一つとしています。こうした子どもの権利条約と関わって言えば、学校福祉は、子どもの周囲にいる専門職・大人による適切なチームワークのあること自体が子どもの最善の利益であることを念頭におきます。

4　生活指導の転換

（1）学校福祉における生活指導ネットワーキング

　次に、本講の中心的なテーマですが、学校福祉と生活指導の関係についてです。

　第4講でも述べますが、戦後の「ガイダンス（guidance）」概念には教育、福祉、医療、保健の領域的な複合性が見られます。その批判的考察と教育運動により生まれた生活指導とは、「子ども一人ひとりの人格的自立をはげますような生活と学習の民主的な共同化をすすめることをつうじて、既存の教育の共同化のあり方を問いかえし、学校・学級を改革していくことと同時に、地域に子どもたちの新しい共同生活をつくりだしていく教育運動的な活動です」（全国生活指導研究協議会常任委員会・1988）。

　地域における生活指導論については、「生活指導とは、専門家やボランティアが、人々の生活に参加し、彼らと共によりよい生活をつくりだすことを通じて、ともどもにその生き方を問い返し、それをより価値あるものに高めていく

と同時に、相互の間に、民主的でかつ人間的な関係をつくりあげていく営み」です（竹内常一・1990）。

　生活指導とは、生徒管理ではなく、子どもの学びと自治を育て、家族の貧困や子どもの不適切な生活環境の改善、学習や学校生活を通して夢や希望、友情の形成を目的とします。

　こうした生活指導は、教師主導や学校主導ではなく、子どもたちの権利である「専門的な支援を受けること」への吟味をつねに行います。「問題を持つ子」の抱え込みは、逆に当事者の課題を個別な側面に位置づけ、自己解決能力獲得を希薄にします。日本的な対人援助の源泉が地域生活ではインフォーマルになり、最も傷つきやすい当事者にとってはインフォーマルなものほど近づきにくくなります。

　その際、相談に訪れるクライエントに対し、当該者にとって個人やその家族の人間関係以外の地域ネットワークが希薄だと、すぐさま孤立した状態にあると理解され、介入の対象となり関わりが集中しがちになります。

　これは、対人援助サービスに影響を及ぼす社会的法規が個人を前提とし、社会集団や地域を基盤とすることがこれまで少なかったことにも起因します。社会サービスの提供から処遇にいたるまで、その活動単位が個人を強調し、個人の自立をうながす社会資源の活用や個々人の発見や創造の学習を不十分にしてきました。ゆえに、学校における生活指導論の転換とは、教師が子どもの役に立つ地域の資源を把握し、地域資源を正しく評価することにあたります。

（2）つなぎの専門性と生活指導

　第1講で述べたように、日本の学校教育制度には歴史的に「保護」概念を内部に取り込んできた背景から見て、就学義務規定と教育環境条件の整備が学校における福祉の実態でした。学校関係者にとってソーシャルワークよりもケースワークの言葉になじみがありました。それは生活保護や準要保護家庭への給付支給の書類提出機関としての学校事務があったためです。これらは学級担任ではなく、学校事務職と担当教員の所掌事項でした。

　生活保護法第32条で、「教育扶助は、金銭給付によって行うものとする。（中略）必要があるときは、現物給付によって行うことができる」とあり、教育扶

助のための保護金品は子どもの通学する学校長に対し交付されます。現行の生活保護法にあたるまでもなく、保護とは生活の質への援助にはならず、生活の質の向上と子どもの発達支援ともつながっていません。実は生活指導と学校福祉との関係とは、教育実践と学校におけるソーシャルワークとの連携をめぐる内在的結合性であり、生活指導と社会福祉を結びつける媒介項と言えます。

　ソーシャルワークはチームワーク論と政策論、相談援助実践論によって構築されます。生活指導との共通点を探る視角には、子どもや地域、家庭に影響を及ぼすマクロポリティックへの注視、そして学校を相対化する力量や教育の効率主義や能力主義を越える視野の保持があります。

　学校福祉は、生活指導とソーシャルワークとの接点として、下の図に示した括弧の部分が示す「つなぎ」の部分に存在します。

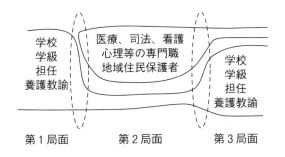

　学校は、子どもの保護機関です。そう考えると、図に示す初期の連携援助の合意と分離援助、学校における統合的援助の三つの局面の中で、第二から第三への接続の部分がポンイトになります。学校支援と学校福祉ネットワーキングは切れた社会と人間との関係を修復・回復することのみならず、新たな創造になります。

　しかしながら、生活指導上の課題を具体的に解決する機能がソーシャルワーク機能だということだけではその独自性は見つかりません。問題追求ではなく、どんなワークを構想するのかに関係します（バークレー報告に見るソーシャルワーカーのコミュニティ・ソーシャルワークが例）。ここにソロからチームアプローチへの源泉があり、ソロアプローチ自体を支援するものです。ここに生活指導の転換と学校福祉の創造を串刺しする視点があります。

（注1）

　　教育的ケアは、いじめ問題を社会の構造論から問い直す橋渡しとなります。「いじめの根絶」でなくその予防モデルやオルタナティブを探るものです。従来の医学モデルや教育モデルとも異なったアプローチの開発視点です。ケアとは直接的な対象への個別的接近ですが、最初から悩みやいらだち、無力感からの解放・回復をめざすのではありません。また、ある教育計画の発展を実行に移す対処的行為でもありません。いじめをめぐるケアは、不安や悩みに気づいてほしい、心配してほしい、学校や教師・大人への不満、批判、不信感をじっくりと聴いてほしいといった表現と正面から向き合う寄り添いです。ケアとはいったん失った平衡状態を回復しその状態の維持を助けるために、一つはストレスの原因となる刺激を減少する環境へのアプローチと、対象の自然の防御と適応の作用を維持させることへのアプローチとがあります。若干整理すると、

① 　対象が置かれている状況で直面している問題を明らかにすること。
② 　対象自身がその問題に気づくようにすること。
③ 　その問題に直面できるように保護し、支援すること。
④ 　新しいもう一つの世界への行動様式を試すことができる居場所を持てるようにすること。
⑤ 　子どものもっている表現力、理解力、判断力などを活かすことができるように「はげますこと」。

　　これらはいじめ克服にとって次の視点があります。その一つが、個人が自己をありのままに発揮する能力を妨害する事柄に立ち向かうなんらかの方法を講じることです。その場合、働きかけの要素として身体的なケアに集約できる支援的なものと言語対話を通じた相談的な、指導的なものとに分けることができます。

　　二つめに、身体的なものとは相手のストレスや苦痛を軽減し、そこでの満足感や癒しをめざし、直接的に身体を保護し、身の回りのケアをさします。相談的なものとして、解決の方向付けができるように言葉によるコミュニケーションを通じた援助です。

　　三つめに指導的なものとして、個人が自己解決できるよう、必要に応じて手だてを活用していく条件の整備、自立していく自分に喜びを感じ、励まされて活動を生み出すことです。

（注2）

　　ケア概念の教育学的考察にとって「子どもの権利条約」は重要です。「名前、国籍を知る権利、親を知り養育される権利」（7条）、「家庭環境を奪われた子どもの権利」（20条）、「犠牲になった子どもの心身の回復と社会復帰」（39条）などの関係条項を例にとるまでもなく、「保護」には強い権力性があります。

　　学校教育の「保護」は、教育実践概念において不明確である上に、その意味内容は司法福祉と大きく異なります。この不明確さは教師個人による保護的機能の私事化、個別化によるものです。では学校という施設で「保護」とケアの関係をどうつなぐのか。イギリスのワグナー報告（1988年）の施設ケアに関する「積極的選択」では次の観点を提示しました（竹中哲夫他・1996）

Caring　　対象に即して個別化されたものであり、利用者が安心感や安定感とともに尊重されていると感じられるものでなければならない。

Choice　　利用者が日常生活において選択権を行使することは尊重されねばならない。

Continuity　　職員が提供するケアの一貫性、利用者のこれまでの生活との継続性。

Change　　利用者によっては、生涯にわたって成長する可能性があること、職員は利用者の

変化するニードに即応できるよう努める。

Common Value　実践活動が、哲学と価値観の共有を基盤として営まれていること。

これらは、リービングケアといった施設から社会に復帰する時期に、社会的な自立に欠かせない力を獲得するために必要な援助や訓練・体験を受けることとその社会的な自立準備です。児童養護施設でのケアは、教育的ケアの本質に対し大きな示唆を与えてくれる「鏡」です。

（注3）

オンタリオの児童虐待の取り組みでは、Children's Aid Society：CAS（日本での児童相談所に相当）の報告によれば、1982年ごろ性的虐待が社会的にクローズアップされ1984年にそれまでの児童福祉法を改正して「子ども家庭サービス法」（Child and Family Services Act）としました。その特徴は、子どもや家庭の人権侵害を守るために、CAS を経由して裁判所が最終判断を下すシステムを築いていることです。CAS は通報後5日以内に州裁判所に報告し、子どもの処遇のあり方や親権剥奪ないし親権一時停止の判断を仰ぎ、不利になりがちな子どもの弁護士料の公費化や裁判所以外の子どもの人権を守る代弁擁護機関の設置を定めています（鈴木庸裕・2003）。

【引用・参考文献】

一番ヶ瀬康子他編（1974）『社会福祉事典』p.239

京極高宣監修（1993）『現代福祉学レキシコン』雄山閣出版、p.328

佐藤学（1995a）「〈癒し〉としての教育」『ひと』vol.23-8、太郎次郎社、p.5

佐藤学（1995b）『学び―その死と再生』太郎次郎社、p.23

鈴木庸裕（1996）「生活指導と福祉教育における実践的課題―『福祉的機能』の内発的発展をめぐって」『福島大学教育学論集（教育・心理）』第61号、p.29-47

鈴木庸裕（1997）「教育的ケアをめぐる予備的考察―プロローグ―新たな教育実践への素描」『福島大学教育学論集（教育・心理）』第62号、p.89-98

鈴木庸裕（2003）「児童虐待と地域におけるソーシャルワーク―オンタリオ州子ども家庭サービス法改正に関わる CAS 活動の変容について」『福島大学教育学部論集』71号

鈴木庸裕（2007）「子どもの人権擁護を担う地域のコーディネーター」『生活指導研究』24号、エイデル研究所、p.17

全国生活指導研究協議会常任委員会（1988）『地域のなかの生活指導運動』明治図書、p.20

全国生活指導研究協議会常任委員会（1990）『新版学級集団づくり入門・小学校編』明治図書、p.30

高橋重宏（1994）『ウェルフェアからウェルビーイングへ』川島書店、p.89

竹中哲夫他編（1996）『子どもの世界と福祉』ミネルヴァ書房、p.120

日本看護協会（1974）「看護制度改善にあたっての基本的考え方」『看護』25-13、1973、及びTravel-bee,Joyce（長谷川浩他訳）『人間対人間の看護』を参照

日本社会福祉士会子ども家庭福祉委員会（2020）『スクールソーシャルワーカー実践ガイドライン』https://jacsw.or.jp/08_iinkai/kodomokatei/index.html

波多野里望（1994）『逐条解説 児童の権利条約』有斐閣

山本和郎（1986）『コミュニティ心理学』東京大学出版会、p.25

リッチモンド（1991）『ソーシャルワークとは何か』中央法規、p.76

第3講 学校福祉と特別ニーズ教育との接点

　学校福祉の構築をめぐり、筆者にとって、特別ニーズ教育との接点はその大きなエポックとなりました。

　まだ社会福祉が学校教育の基盤に組み込まれていない時期に、特別ニーズ教育は1990年後半、いち早く学校にソーシャルワークの風を吹き込みました。学校と地域、家庭のリエゾン（橋渡し）は、学校になじめない状況にある子どもやその保護者に対し、自身と社会環境との関係調整をはかる試みからはじまりました。その内実は、困難に直面する子どもたちの発達可能性を高める環境を創り出す営みでした。

　本講では、特別ニーズ教育が、ソーシャルワークを学校における公的な社会的技術に高める上で、その下支えになっていることについて論じます。

1　教育実践と権利擁護（アドボカシー）の架け橋

(1)「目から鱗が落ちる」

　近年の学校教育の再編論は、公教育の縮小と自助努力的な競争構造から成り立っています。その「自己実現」や「自己決定」の考え方は、子どもたちの生活や学習から共同と連帯を奪い、それを実現する社会的技術そのものの私事化・個別化を押し進めました。教師の指導・援助が対象の受動的ニーズを規定すると、子どもの自立・成長に大きな影響を与えます。「子どもたちがそれぞれにいろいろなニーズを持っている事実にではなく、それにも関わらず同じ教育を受けている」（窪島努・1998）という指摘は、これまでの一斉的教育の効率性追求への弊害の問題のみを示すものではありません。「共通」の教育システムが隠蔽してきた教師の形式平等観や情緒的・予定調和的であった指導・援助の転換を指摘しています。その発展には、子どもと教師の関係性に新たな介入と葛藤調整を要求する理論的実践的枠組みが必要になります。これが特別なニーズ教育です。通常教育の学校関係者にとって、「通常」という語感には

「目から鱗が落ちる」ほどのインパクトがありました。何が通常なのかを疑ってこなかった「所与としての指導観」への反省です。

　特別なニーズ教育からは、これまでの学校運営や教育活動、教師の指導性において「抜け落ちていたもの」や「無自覚であったもの」、「つながりが不明確であったもの」への発見があります。これらは単に通常教育の中に隠蔽あるいは埋没していた事柄ではなく、新たに生み出されている部分です。なぜなら、通常の教育活動（カリキュラムや設備的人的資源）の枠組みをそのままにした対応（教育的配慮）や通常学級からの排除構造への批判だけでは、特別な教育的ニーズをもつ子どもが「困難な存在」だという理解にとどまります。ニーズを「困難なもの」に固定化してしまいます。通常教育の認識や対応の不備に対する障害児教育からの異議申し立てのレベルを超え、障害児教育との独自性を明らかにしつつも、新たな教育実践を共同創造する概念として長いスパンをかけて特別なニーズ教育と向き合う。これは場の分離というこれまでの技術主義や施設主義的な「特殊教育」内部の改革が外に漏れ出てきたという印象を払拭することです。

　また、この概念は、それが子どもの権利擁護（アドボカシー）と教育実践の架け橋になります。アドボカシーとは通常、擁護、代弁であり、単に個人の意志の代弁でなく、自分自身のちからで権利を主張・行使できない当事者にかわって意志決定を援助し、当事者の意志に基づいて本人にかわってその権利を擁護するための様々なシステムと活動の総称です。アドボカシーは、やや権利擁護よりも大きな概念であり、個々人のニーズではなく権利に焦点をおき、援助者と被援助者との格差を是正します。

　80年代末から90年代にかけ子どもの権利条約締結という国際的情勢の中、日本においても子どもの自己決定や学校参加、意見表明への志向が一定の高まりを見せました。学校の持つ構造的抑圧や精神的支配の点検・克服と社会的弱者観から権利主体観への認識的転換という被援助者本位の社会的技術の開発が教育主題となります。国家・行政からの与えられた公共性ではなく、市民や当事者がみずからつくりだす公共性への意識は、明らかに学校の補償教育やそこでのソーシャルサポートをめぐる恩恵的措置観を批判追求し、課題解決の具体的な方法論の着手に迫ります。通常教育と障害児教育との谷間に置かれ居場所を

失ってきた子どもたちへの教育的対応は、教育的ニーズと教育的サービスの間にある教育の質の問題とともに、そうした子どもたちの権利と発達支援を擁護する働きです。通常教育と障害児教育がそれぞれに抱えてきた課題を同時に検討するこうした機能が特別なニーズ教育概念に内包されています。

（2）医療モデルをめぐる問題点―学習障害児概念をめぐって

「障害児教育の現代化」において、イギリスの教育法（1981年）は従来の「特殊教育」概念を「特別な教育的ニーズを持つ子どもに対する教育」に転換し、当時、学齢児全体の約2％にあたる心身障害児の他に、学習障害児を主とする18％を加え、20％の子どもたちがこの定義にあてはまるとされました。その後、諸外国では生活環境や文化的経済的貧困の結果、学習上の問題をもつ子どもたちも学習障害に包含すると考えました。学習障害、学習困難という Learning Disability の訳出方法は国々の諸状況を反映していると言われるが、カナダ・トロント市などでは学習障害児を「メンタルチャレンジャー」と呼びあらわし、指導や援助の対象としての障害ではなく潜在的な諸能力への関心と教師の実践的資質を高める対象と理解しています（鈴木庸裕・2003）。

ところが日本の文部省（協力者会議―当時）は学習障害について次のように定義しました。

「基本的には全般的な知的発達の遅れはないが、聞く、読む、書く、計算する、推論するなど特定の能力の習得と使用に著しい困難を示す様々な障害を指すものである」。就学前における中枢神経系機能の発達上の問題を強調する定義づけです。これは、日本における学習障害児の出現率の低さを理由に、その後の対応方法の未整備や未熟さを背景にしています。指導体制に不備を持つ通常教育の状況にあって就学後に予想される2次3次的な障害への配慮を弱めました。就学前教育に携わる関係者にとってもその後の重複障害への懸念があります。子どもの対象理解と具体的な問題克服の方法的視点をセットして持ち合わせたものが教育実践に資する定義になるのでなければこの定義には不満です。

したがって、学習障害児への関心が通常の教育において広がる機運の中で危惧する問題があります。それは教育実践における医療モデル（生物学的、器質的障害の強調）の浸透です。なぜならすでに「学級崩壊」や「荒れる・切れ

る」子どもたちについて、ある特定の子どもの行動障害や情緒障害に着目する解釈が増加しています。医療モデルによる対応は、対象理解において子どもの個人的資質や家庭的背景にその問題の所在を認め、それを「個体化」する要因・対処論を科学的根拠とし、指導の方法をも「固定化」します（佐伯胖他・1996）。そのことが集団的活動や授業の指導・援助の中に、主体―客体関係による個人の回復モデルを位置づけます。また「学級崩壊」、特に授業の不成立の要因が教師の力量不足であるとする見解を助長し、教師の指導そのものの「個体化」と孤立化を強化します。

　他方、「保護」という名の無自覚な排除構造が先に述べた子どもの生活と学習の私事化・個別化を補完し、結果として学習困難を「異常」と認識すると、一般的な教師の専門職性から切り離されます。「個に応じた」という教育内容の切り下げや新学力観のもと「関心・意欲・態度」による評価がウエイトを占める今日、通常の学級授業の中で「お客様」的扱いが合法化されます。教育実践の医療モデル化は子どもだけでなく教師や保護者の主体的要求を奪い、問題を未然に解決（遮断）しようとする危機管理論との関係においても最も注意しなければならない事柄です。

　ただ、この医療モデル批判は決して学校と医学・医療関係機関との連携を排除するものではありません。LD や ADHD などの前で立ち往生する教師にとって医療専門家による「診断結果」や「治療」「投薬」は、教師の過剰対応を和らげ指導方法の見通しを持たせ、教師の「肩の荷を降ろす」効果や誤った「囲い込み」の克服になります。しかしアドボカシーの視点から見ると、それは医療の補助的な機能として環境や個人の緊張・葛藤を軽減しその行為を促進しません。自己の権利に対して消極的である態度（孤立感や無力感）の背景にあるものを発見するためのものでなければなりません。

2　通常教育と障害児教育の共同化

（1）サラマンカ声明からの学び

　通常学校の教師にはいくつかの難色を示す声がありました。一つめは「特別な教育的ニーズ」という概念に出会うと負担感を否めないという。そもそも教育的ニーズを誰が何にしたがい、どのように判断（診断）し、適切な対応をと

るべきなのかという教師個人の職務範囲との関係もありますが、ニーズと表現すると それに対応しなければならないという強迫性が生じ、こうあらねばならないという指導の硬直化が生じてしまう。こういった意見です。二つめは両者の連携による通常学校改革の視点が、集団的な活動や授業の学級崩壊ならぬ「学級解体」に結びつくのではないかという危惧です。

　少人数学級制やTT方式、教師の加配、適切な教材教具の完備、そして専門的なトレーニングの欠落した状況にあって、「学級解体」や「授業解体」を肯定的に支持する条件が整わない中、教育実践における個別指導と集団指導との対立です。

　これらを念頭において、特別なニーズ教育の全体像を検討します。まず、「特別なニーズ教育に関する世界会議」（サラマンカ声明、1994、スペイン）の「行動大綱」からの引用です（特別ニーズ教育学会・1995）。

　「この行動大綱が特徴づけている基本原則は、学校はすべての子どもを身体的、知的、社会的、情緒的、言語的あるいはその他の条件に関わることなく受け入れねばならないことである。学校は障害児や健常児、ストリートチルドレン、過酷な労働を強いられている子どもたち、移住者の子どもや遊牧民、言語民族文化での少数派の子どもやその他社会的に不利な立場にある人々や周辺領域、周辺集団の子どもを含むべきである。特別な教育的ニーズという用語は、そのニーズが障害や学習困難から生じているすべての子どもと青年に関わっている。多くの子どもたちが学習困難を体験しており、従って、その学校教育期間中のどこかの時点で特別な教育的ニーズを有している。学校は、著しい不利と障害を有する子どもを含むすべての子どもを首尾良く教育する方法を見いださねばならない。特別な教育的ニーズを有する子どもや青年は、大多数の子どものために設けられた教育機関に包摂されるべきであるという共有認識が生まれている。これがインクルージョン学校という概念につながった」

　主に、「すべての子どもがユニークな性格、興味、能力と教育的ニーズをもっている」ことを前提としてこれらのニーズの多様性を考慮に入れた教育システムと、障害をもつ子どもたちへの差別に対する改革や人権擁護の地域的な展開、子どもたちの潜在的能力ではなく機能・形態障害（impairment）に着目され続けてきた社会への改革です。

（2）つながりを浮き彫りにするもの

　この「行動大綱」では、障害による教育的ニーズのみならず、社会や養育に責任を持つべきものから不適切な対応を受ける子どもや抑圧状況にある子どもまで幅広く論じています。場による教育の概念規定が問題とするインテグレーション論から、個々の子どものニーズに応じた多様な形態の教育ケア・サービスを準備するインクルージョン論への言及は、通常教育と障害児教育との共同化に一つの問いを投げかけました。それは日常の生活や学習における困難な状況に対し、場を分離して適切な個別的治療を行うことに焦点をあてるのか、それとも長期的な展望にたった統合の制度改革（環境変革）による問題解決に焦点をおくのか。コントラストをつけて言えば、特別な教育的ニーズを持つ子どもの教育権や学習権の保障をめぐって、運動論主義なのか技術論主義なのか、あるいは治療主義（医学心理学的病理）の立場をとるのか社会改革主義（社会的病理）なのか。こうした分離は、通常教育と障害児教育の間に存在する分離意識以上に、両者それぞれの内部にも存在します。

　したがって、特別なニーズ教育概念がそれぞれの分断に共通する準拠枠組みを提供するのは、両者の共同化を次のように見るからです。一つめは、連携のうちにある従属性や支配関係を廃して、つなぎ目の部分に力点を置く作業が可能になること。二つめは特別なニーズ教育がこのつなぎ・橋渡しを構造化する上で、子どもたちの最善の環境づくりを中心論点にできるからです。

　「一般的な教育ニーズ」において、特別な対応を必要とする「子どもの状態」が特別な教育的ニーズであるとするとらえ方は、そのつながりを生み出す環境や条件への対応を呼びこむものであり、つねに社会政策の当事者の存在が前提になります。分離主義はある教育上の専門性の立場から単に子どもたちの学習や生活の場を分離することだけではありません。当事者にとってそれまでの人間関係をも断ち切ります。小学校就学に伴い居住地区を離れ特別支援学校に入学し、同じ学年の子どもが別教室で学校生活をおくることは、それまでの子ども自身の人間関係を切ることになり、さらなる孤独感とストレスを高めます。援助を受ける人ほど、人と人との関係が切れてしまいがちになることに敏感に対応する教育システムづくりです。特別なニーズ教育とは、子どもと教師（大人）、子どもと教育実践をつなぐもの、人間関係や地域家庭をつなぐもの、

あるいはそれらを切るものを浮き彫りにします。

3　教育の福祉的機能と子どものしあわせ

（1）教育の福祉的機能回復への挑戦

　このように通常教育と障害児教育との共同化が場の共同をつなぐ技術と相互に影響を与えあう技術を要求します。しかし、まだ日本的な分離主義の文脈からその結節点は十分に探りえていません。そこで、特別なニーズ教育が最優先するものは子どもたちが幸福で安全・安心な学校生活をおくることであるととらえ、教育の福祉的機能回復への挑戦という視点から見てみたいと思います。

　日本の義務教育の歴史において、教育が福祉と保護をそのうちに取り込むことで特徴があります。土井洋一が指摘するように、「児童保護の上に立って義務教育を行うのでなく義務教育によって児童を保護する奇妙な肩代わりがなされてきた」（土井洋一・1990）点です。福祉は教育を補完するものとされ、福祉や保護の制度による子どもの生活圏の分断が、社会や個人の安定を図らしめるという発想です。そのことによって、分離教育が国家の恩恵的サービスとして定着することに多くの人々が疑問視しない状況です。

　学校の福祉的機能への着目は、通常教育に埋め込まれてきた養護や養育の復権であり、教育が子どものしあわせ（Well-Being）に責任を持つものです。学校が家庭や地域の教育力を肩代わりする機能の強調ではありません。特別な教育的ニーズとして、今、これを「福祉的ニーズ」と呼びあらわさずに教育的ニーズと表現するのは、教育が責任を持つべきニーズや学校生活をおくる上で生じるニーズの意味（清水貞夫・2003）とともに、教育指導のもつパターナリズム（家父長的体質）を取り除くという意図があります。これは教育と福祉の谷間を制度論ではなく、教育実践論で埋めていくことです。

　教育において福祉的機能の充実とは、就学や教育環境の条件整備、子どもや父母の教育をめぐる権利保障と人間の幸福を権利として行使する主体形成です。学校における子どもの QOL（生活の質）の追求がどの程度達成されているのかという尺度は、自助や恩恵ではなく、自由と行動、連携、人権尊重を価値として含みこんだ教育実践です。そして生活環境の発展にとって生活の質の向上にそれまで付着していた技術主義的訓練論や教育の給付主義を取り除くことです。

（2）不安のない連携・協同

　ところで、特別なニーズ教育が通常教育と障害児教育との関係においてどう位置づくのでしょうか。

　高橋智は、**図1**に見る領域モデル、教育対象、ケア・サービスでその関係を示しています（高橋智・1999）。先に引用したサラマンカ声明・行動大綱に範をとる教育対象は、「学習遅滞、不登校・情緒不安定・神経症などの不適応、親の児童虐待・養育困難などの養護問題、いじめ・非行、移民・外国人子女など教育言語の不利をもつ子どもなど」です。仮に通常の教育的ニーズの部分を、学校教育法第26条の「児童の心身に適合して」課さなければならないとする範囲や病弱児の体育見学や視力の弱い子どもの席を前に置き、拡大文字の教科書使用、車椅子使用への整備、アトピーなどによる除去食給食、保健室での定期的な休養や投薬などととらえると、これらは教師の「教育的配慮」の事柄です。

　ともに共通するのは「制度として漏れ出ている」ことであり、特別な配慮と

図1

教育理念	Education for All（全ての子どもの諸能力と人格の発達保障）		
領域モデル	通常学級	通常学級＋特別な教育的ケア・サービス	特別学校・学級
	通常の教育（Ordinary Education）（◄► は連携・協同を示す）	特別なニーズ教育（Special Needs Education）	障害児教育（Education for Children with Disabilities）
教育対象	「通常の教育的ニーズ」を持つ子ども	障害以外の要因による「特別な教育的ニーズ」を持つ子ども（学習遅滞、不登校・情緒不安定・神経症などの不適応、親の児童虐待・養育困難などの養護問題、いじめ・非行、移民・外国人子女などで教育言語の不利を持つ子どもなど）	障害による「特別な教育的ニーズ」をもち、分離形態で教育を受けることが適切な子ども
ケア・サービスの内容	「通常の教育的ニーズ」を充足する教育的ケア・サービス		
	（◄► は連携・協同を示す）	「特別な教育的ニーズ」を充足する特別な教育的ケア（教育実践サービス：通級指導などの特別教育課程、SNE教員・SNEコーディネータの配置など、教育条件サービス：特別な教室・設備・教材教具など）	障害による「特別な教育的ニーズ」を充足する特別な教育的ケア（教育実践サービス：障害児の特別学校・学級における特別教育課程、専門教員・介護職員および医療スタッフ（医師、看護婦、OT・PTなど）の配置、教育条件サービス：寄宿舎・障害児福祉施設・教育相談機関などの併設、スクールバスなどの送迎サービスほか）
	学校教育において共通する教育・福祉・医療などの諸サービス（就学奨励、学校保健、学校給食、スクールカウンセリング、スクールソーシャルワークなど）		

いう教師・学校の側の補足的事項として個別のプログラムやカリキュラムに位置づけられます。それ以上に、この補足的事項ではその「配慮」を受けるときやカリキュラムやプログラムに入るときのストレスや不安への対応が欠落しています。

学校生活に成就感がもてない子どもや、乏しい自己肯定感や低い自尊感情や自己表現能力を持つ子ども、仲間や友人関係にトラブルと困難さを抱える子ども、交わり能力の不足や家庭の機能不全や多問題家族、貧困、若年出産、児童虐待によるトラウマなどをもつ子どもたちの「状況」が教育の対象です。

通常教育でも障害児教育においても、上田敏氏による障害の概念（上田敏・1983）（図2）が示す、2次的、3次的障害の克服や軽減に重点があります。「やまい（体験としての障害）」といわれる主観的障害部分への働きかけを糸口として、これまでの経験を克服することに寄り添い、当事者の権利とその人の生き甲斐をも一緒に擁護し、積極的な自己の経験を保障します。この図表1において示される「連携・協同」の部分（矢印←）は、「体験としての障害」の克服とケア・サービスとのつながりを重ね持つ機能です。

障害児学級の子どもが通常学校の行事の中で主人公となり、この学級が全校的な視野から子どもたちの居場所になり、周りの子どもたちからの働きかけが障害を持つ子どもたちや通常学級の子どもたちの「やまいとしての体験」をも克服する環境づくり実践があります（野崎美治・1993）。通常学級や通常学校への障害児教育による肯定的な評価部分として何があるのかは「連携・協同」

図2

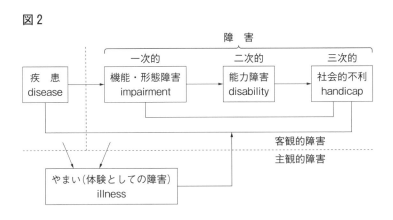

に関わって大切な課題です。

4　当事者本意の教育方法

（1）特別なケアへの権利と教育的ニーズの充足

　特別なニーズ教育がそれに向き合う通常教育に最も強く突き付けてくるテーマは特別なケアの方法です。

　子どもの権利条約は第23条第2項で、「障害を持つ子どもには特別なケアを受ける権利があることを認め、かつ援助を受ける資格のある子ども及びこの子どもをケアする責任を負うものに対して利用しうる手段の範囲で、これらの申請に基づき、かつ、子どもの条件及び子どもをケアする親その他のものの事情に応じて、援助を奨励し、かつ確保しなければならない」と述べています。その際の教育、訓練、保健サービス、リハビリテーションなどにいたるまで当事者に即した最善の方法を導く手だてとして「特別なケアへの権利」を明言しています。

　そこでまず、ケアを受けようとする子どもが自己の特有のニーズを満たす際、ケアの計画が施される権利があります。その場合に、子どもの権利は、そのケアの計画づくりの過程に参加し、意見や態度表明ができることです。重要な決定の際にいつでも当事者の理解能力のレベルにふさわしい方法や言葉、空間・時間において説明を受け相談ができ、現実的な範囲で意見を表明する権利です。その時、当事者のニーズが明確に備わっているかどうかが大きな鍵ですが、次のようなケアの持つ特性が問われます。

①ケアは権威性や支配性をもつものではないということ。

②ケアはチームワークを有すること。

③ケアには中間組織をもつということ。

④ケアは人間の癒しや快復のために必要な方法上の障害を顕在化させるものであること。

　この4点は心や身体のリハビリテーションなど精神保健や医療保健など教育とは異なる領域で明らかにされています。

　また、特別なケアとニーズの充足において、教師（専門家）が当事者の子どもや保護者にとって利用できない指導上の専門的知識や技術を基礎とし、学習

活動の質や学習への適格性を判断してはいないかどうか。あるいは教師（ある専門家）の働きかけによって、適切な指導を選択的に受けるという権利を妨げていないかどうか。このことを確かめることが必要です。教師側のニーズを充足するために援助者を利用していないかどうか。そのために必要な子どもや保護者に対する必要な情報や資源の不均衡の是正が十分になされているかどうか。たとえいかに教師の良心的な善意に満ち、すぐれた指導・援助の技法によって介入していたとしても、それが具体的な状況の変革に直接有効な介入であればあるほど、援助される側は自分の問題解決能力のなさを見せつけられます。「ある問題を持った子どもを抱え込む」ことは、先に述べた医療モデルのみならず、子どもの課題を周囲の子どもや社会から切り離し、つまり子ども自身の自己決定と自己表現の主体となりゆく環境から切り離すことであり、大人のもつ「基準値」によって自己の問題解決能力の糸口を未発状態にします。子どもの問題解決に対して全面的に責任を持つことはかえって他者へは排他的に責任を持つことにつながるからです。

（2）学級がもつアドボカシーの取り組み

　学習のケアプランづくり（個別指導計画）と子どもの参加は、学習に困難をもつ子どもが特別なニーズ教育に依拠しようとするとき、それが2次障害や3次障害という社会や学校環境の問題から生じる点を無視すると、子ども個人の「欠陥」から問題が生じることを子ども自身（その保護者も）に信じ込ませてしまいます。子どもの学習への「当事者参加」や自己決定はこの部分から解放されて可能になります。こうした人権擁護の視点が教師の指導方法論として提起されるために、学習困難な子どもをめぐる指導・援助の環境づくり、及び最も優先されるべきは、アドボカシーと自己決定を含みこんだ指導概念の成立です（湯浅恭正・1998）。学級授業においては、特別なニーズや教育的ケアという考え方を創造し、いかに学習の集団が子どもを癒し同時に子ども集団の共同と自治を膨らませるシステムです。

　例えば、わからないことを聞いてもらう権利として、わからないことを教師や友達に伝える方法をあらかじめ示されている権利や子どもの理解できるレベルで、ふさわしい言葉で相談され、意見を表明できる権利との結びつきがある

かどうかです。

　これまでにも学習権の実質的な保障として、「能力に応じた」教育の在り方が検討されてきました。しかし、子ども参加型授業における手続き的権利行使と実質的な権利行使との峻別は曖昧でした。アドボカシーとは子どもたち（保護者）がある問題に対し対象理解や共通理解をはかっていくのに必要な人間関係や諸条件の構築と権利尊重の代弁あるいは代理型本人参加です。子どもの学習そのものをアドボケイトにつなげるには、授業の営みにおける教師の代理性が問われます。子どもたちの共同を介したニーズの発見が授業における自治の発展と結びつくには、教師と子どもとの共同決定を取り付け、これを学級や仲間関係から生じる2次障害への予防的対応型授業構想につなげます。

　ボランティア学習も、障害者施設に子どもたちが訪問する慰問のような活動ではなく、そうした人々の生活を目の当たりにし、障害＝差別への気づき、しかもその施設や職員のありようの問題点をも明らかにします。福祉行政の問題点を子どもの学習活動がアドボケイトする機能も必要です。知的障害や多動性のある子どもが学級にいる場合、その子どもへの取り組みが学級の他の子どもの教育的ニーズを生み出し、ともに成長しようとする姿に発展する実践があります（篠崎純子・1984）。学習という視点で、当事者論において問われてきたことを深め、学習が子どものアドボカシー能力を導き、授業の不成立からみた学級崩壊の指摘は、授業中にパニックを起こす子どもの制止や「迷惑」の抑制ではなく、自由気ままな子どもの行動の裏にあるメッセージを理解する実践です（篠崎純子・1999）。

　また、特別なニーズ教育がいかなる学びを学級に送り込むのか。結論から言って、ここで浮かび上がってくるのは、知的精神的葛藤を押さえ込まれた学習の実態です。たとえコミュニケーション型授業であっても、教師と子どもとの葛藤・対立はあります。しかし、教科書中心の範囲だとすると、その授業はこの葛藤・対立を最も生じさせません。どうしてこのような特徴を持つようになったのかを教える授業形態と方法の開発は、障害者自身への人権教育、自己の障害を受け入れる学習活動です。通常の授業においても、自己の学習要求や意欲が埋め込まれた状態から解放しつつ、見通しを育てていく学習の上に教科学習の位置づけがなされねばなりません。

学習という管理体質は、葛藤や対立を生み出さない文化財とその構成原理によって生まれます。その状況を成り立たせていたものが、学習の権利保障論から漏れ出ていた子どものニーズの充足部分です。そもそもどんな葛藤や対立に参加できるのか自体が問われます。学習が人々の葛藤を極力廃した営みとなり、それを国民が受け入れます。これらは、すべての子どもたちに認められるべきであり、教師と子どもとの関係性に見られる葛藤対立の次元でも同様です。

（3）学校の応答性を高める取り組みとしての学校福祉

特別なニーズ教育とは、教育を支える人々の広がりとつながりを単に増やすことではありません。「学校を拓く」こともさることながら、子どもたちをめぐる学校外の社会サービスとの結びつきが、同時にそのサービスの質や保障をも高めます。学校が子どもだけでなく、父母や地域のニーズへの応答性を高めるには、教師はシステムの媒介者であり、学校や利益の代理人に置き換えられません。学校と地域や地域住民の結びつきが弱まることに比例して、障害をめぐる場の分離が高まっていったのならば、教育実践の医療モデル化も学校と地域の没交渉によって、環境の変革ではなく個人的ニーズに焦点をあてる臨床的方法に変化します。特別なニーズ教育と学級・授業改革との関係はこうした社会と緊張関係によるものです。

そこで今後、注目される営みに学校におけるソーシャルワークがあります。アメリカでは1970年代中盤以降、障害者法改正 PL9-457の発足にかけて、障害児教育と通常教育とをつなぐソーシャルワークサービスをつくってきました。それぞれの教育システムの相互交流や通常学校でのハイリスク児への予防的介入、専門職としての新たなアプローチへのスキル開発が新たな機能です（NASW・1998）。

（4）学校・学級の中でソーシャルワーク・サービスにつなぐ

これらは学校・学級がソーシャルワーク・サービスをつなぎあわせるという点です。子どもの身体内要因へのアセスメントが高くなるほど、個人の社会的な環境要因へのアセスメントが弱くなります。特別なニーズ教育では、カリキュラム、教材、情報もこの教育の環境要因として位置づけるため、子どもた

ちの学習行為に不利をもたらす諸要因を包含した学習概念が立ち上がってきます。そのことによって、環境要因との関わりを明確にした教育計画が生まれます。学力保障とソーシャルワーク・サービスを授業の中でつなぎあわせる方法論の開発が授業における福祉的機能の充実です。この考え方は、学習によって背負わされたものはあくまでも学習によって癒していく筋道づくりです。

　その過程が、通級指導や特別学級などのプログラム参加です。事前にこのプログラムがどのような仕組みとカリキュラムを持っているのかが十分に説明され、合意のもとに出発します。ニーズの発見の段階、教育的ニーズとして認識し共通理解を得る段階、適切な対応が得られているのか、その声が十分に反映されているか。このことをチームで検討改善する段階で授業は一貫します。

　「子ども理解」における責任分担と援助のあり方が学校や学級の中で生み出されるシステムを持つことは、事前・予防的介入の可能性を高めます。障害児学級がホール・スクールポリシーアプローチとして、子ども理解の全校的なコンセンサスを取り付ける糸口となっている実践があります。一律の指導方法やカリキュラムではなく、個々に最善の指導と援助を受ける個別指導計画が、個々の子どもの生活基盤に即したものかどうか。それ以上に、子ども自身に「あなたはこの学級で何を期待できるのか」を明確にさせねばなりません。

　もう一方で、「あなたに学校は何を期待するのか」が提示される機会です。これは子どもたちが教師から指導や援助を受けること、その時、援助する教師たちのチームがもつパートナーを受け入れていく力や教師の力量を認めていく力の形成といった要求です。

（5）教師へのサポート

　自己の力量不足と思われたくない教師にとっても、困難状況に陥ったときにどのような支援が認められているのかが了解可能なシステムづくりです。指導困難な状況になったとき、周囲や専門家に援助を求めることが教師の専門職性として位置付きます。

　子どもの行動を様々な角度から見つめていくチームワークアプローチや、教職員間にチームワークとしての授業観を生み出していくこと、介助員制度の導入、TT方式の活動範囲の広がり、学校と家庭との連携（コーディネート）、就

学相談や就学指導を視野に入れた学習環境の整備。これらは通常学校、障害児学校の別なく、本来上述のような「教職観」によるものです。たとえ学年は同じでも、個々人に同一の指導形態よりチームアプローチや自発的な連携が尊重されねばなりません。「適応指導教室」や保健室（登校）指導、補習授業、カウンセリングルーム、「社会福祉機関での学習活動」など、授業との関係や連携は、一つの学校の中にオルタナティブな学校をつくるという視野を切り開き、子どもたちの選択的な居場所をつくりだします。それを支えるのが学外関係者・機関との信頼関係です。医者、カウンセラー、作業療法や言語療法等の専門職との連携を視野に入れた学級づくりや授業構想のイメージ化は、教育の行政的財政的課題とともに、こうした外部者への正しい理解によるものです。

　今日、インクルッシブ教育と呼ばれますが、やや疑問があります。インクルッシブを成り立たせるには、学校や教育だけで可能なのかということです。インクルッシブ社会やその文化を担う人々という枠組みが必要なのではないかと思います。

【引用・参考文献】

上田敏（1983）『リハビリテーションを考える』青木書店、P.72

窪島努（1998）「『特別なニーズ教育』という概念がなぜ必要か」『SNE ジャーナル』第 3 号、文理閣、P.3

佐伯胖他（1996）『教育実践と心理学の間』東京大学出版会、P.159

篠崎純子（1984）「僕のハンカチで中田さん涙をふいて―多動児 K との手さぐり心さぐりの日々」『生活指導』334 号、明治図書、1984 年、P.32-41

篠崎純子（1999）「合点だ。ゆっきはあっしが捜すでござる」『全生研第41回全国大会紀要』1999 年、P.57-61

清水貞夫（2003）「私の考える『特別な教育ニーズ』」『SNE ジャーナル』第 3 号、文理閣、P.40

高橋智（1999）「特別なニーズ教育とインクルージョン」『子ども白書・1999年版』（日本子どもを守る会編）、草土文化、P.158

土井洋一（1990）「〈教育〉と社会福祉の間」『教育―誕生と終焉』藤原書店、p.52-53

特別なニーズ教育とインテグレーション学会第 1 回研究大会発表要旨集録・資料（1995年）p.74-75

野崎美治（1993）「ともだちをふやそう」、堤公利「仲間をつくりだすちからをどう育てたか」全生研編『ひとりひとり輝き、共にのびる』明治図書、1993年所収を参照

湯浅恭正（1998）「自己決定と学び」メトーデ研究会編『学びのディスコース』八千代出版、p.168-171

Encyclopedia of Social Work（19th）（2000）NASW Press. p.2089-2090

第**4**講 生徒指導と学校福祉事業の問題史的検討
ガイダンス論導入期をめぐって

　本講は、学校福祉の歴史について、戦後新教育期（敗戦〜1950年代半ば）の
ガイダンス論導入期における生徒指導と学校福祉事業との関係把握をめぐる問
題史的検討から述べます。

　今日、学校教育においてソーシャルワーク実践を明示するものに文部科学省
の『生徒指導提要』（学校・教職員向けの基本書）があります。「学校だけでは
対応しきれない児童生徒の問題行動」をめぐる協働・連携の職種として、「ス
クールソーシャルワーカー」とその職務が記載されています。

　しかし、学校におけるソーシャルワークの目的や機能については明確に論じ
られておらず、いじめや不登校などへの対応や対策に有効であるという予定調
和的な位置づけになっています。

　この講では、生徒指導と学校におけるソーシャルワークとのつながりをめぐ
る「水脈」を見つけてみたいと思います。

1　制度的な対立を乗り越えるには

（1）『生徒指導の手引』から『生徒指導提要』へ

　2000年代に入り、教師の職務や学校組織の中に社会福祉サービスへの理解が
求められ、スクールソーシャルワーカーの活用やその意義が教育現場での現状
改善に資するものとして認められつつあります。また、1990年代以降の学校組
織改革で提起された教員組織の活性化や関係機関とのネットワーク化への具体
的な実践化にとっても期待が寄せられています（鈴木庸裕・2015）。

　教育職（教諭）にとっては、学校教育活動の一領域である生徒指導（学級経
営などを含む）において、「養育困難」や「子ども虐待・ネグレクト」、「家庭
支援」、「経済的貧困」への対応は直ちに主務とはなっていません。そこに、子
どもの貧困対策の推進に関する法律（2013）にある「学校をプラットフォーム
にする」という発信や「チームとしての学校」論（文部科学省・2015）の提案

としてスクールソーシャルワーカーの活用が示され、理論的な根拠には課題が残っています。その背景には、学校教育における福祉職の活用意図をめぐる自治体間のニーズやその格差、あるいは事業財政のあり方をめぐる教職員の特性（予算や人員配置がなくても教師はおのずと対応すると思われている）もあり、学校教育活動での主なステージである生徒指導領域におけるソーシャルワークの位置づけに不明確さがあるためです。

その「スクールソーシャルワーカー」を明記した『生徒指導提要』とは、1981年の『生徒指導の手引（改訂版）』（初出は1965年の『生徒指導の手びき』）を大きく改訂したものです。生徒指導の目的は、「一人一人の児童生徒の人格を尊重し、個性の伸長を図りながら、社会的資質や行動力を高めることを目指して行われる教育活動」（文部科学省・2010）であり、「学校生活がすべての児童生徒にとって有意義で興味深く、充実したものになること」をめざします（文部科学省・2000）。さらにはその担い手は教師中心であった改訂前と比べ、すべての教職員や教育委員会、その他学校外の関係者にも広げています。

しかし、生徒指導はその機能面を見ると、「積極的生徒指導」と「消極的生徒指導」という二つの区分があります。これは本講で扱う生徒指導の成立期から今に続くものです。「すべての子どもの自己指導能力の形成」（傍点筆者）を指導原理とする生徒指導は「積極的生徒指導」と呼ばれ、個別的な問題解決や治療的対処を通じた不適応対応を旨とする生徒指導は「消極的生徒指導」です。したがって、心理職（スクールカウンセラー）や福祉職（スクールソーシャルワーカー）は教師の教育活動の外延に位置づく構造となります。「消極的生徒指導」という文言に象徴される「治療的」「介入的」「問題解決的」な対応は教師の主務から見ると外部化です。子どもの最善の利益の創出をめざす学校ソーシャルワークにとって、果たしてこの位置関係のままでよいのかという疑問が残ります。

ただ、『生徒指導提要』はこの積極的と消極的という従来の教師が持つ「区分感」に対し、変容を求めています。スクールソーシャルワーカーの導入は、従来の生徒指導における「子どもの問題行動」（個人要因）とともに（あるいはその中に）「問題を抱える子ども」という環境要因への視座を明示し、子どもの家庭養育や生活経験を教師の学校教育活動上、正規業務に取り上げる道を

開きました。「子どもの貧困」「生活困窮」「家庭支援」の実践的カテゴリーを日常の生徒指導に結びつける点で、戦後の生徒指導の歴史の中では画期的であったことは言うまでもありません。にもかかわらず、このいわば「新しい生徒指導」観を示す『生徒指導提要』は、その教育現場への浸透にあたり決して芳しくありません。

　教育と福祉の包括的な子ども観や教育職と社会福祉職の協働と役割分担、さらには子ども・家庭・学校への支援をめぐる学校ソーシャルワークの存立基盤がようやく具体的に確認できる時期となり、改めて生徒指導と学校ソーシャルワークとの関係把握が必要です。学校ソーシャルワークは生徒指導の今日的課題を補完するものなのか、下支えや支援、連携するものなのか。あるいはその際に何が欠かせないのか。

　本講では、こうした関係把握の課題について、戦後の生徒指導の形成過程とその同時期の学校福祉事業の諸論の問題史的検討を通じて明らかにしたいと思います。なお、本講での用語として、学校ソーシャルワークを社会福祉の領域や分野を示す学校社会事業のうち、学校経営と結びつくより狭義な学校福祉事業を用います。

（2）問題史的研究の方法

　その研究方法として、敗戦後から1950年前後の関係文献や資料をもとに、問題史的研究（Problem geschichte）の手法を取り入れています。問題史的研究とは、「現在に於いても解決を必要とする問題が、過去に於いて如何に取り扱われてきたかの歴史を知ることによって問題の所在を明らかにすると共に、問題の解決に妥当なる方法を発見せんとする」（城戸幡太郎・1934）ものです。戦後新教育期にアメリカから移入されたガイダンス論を源流とする生徒指導による社会福祉への理解と、同時期の学校福祉事業によるガイダンスや生徒指導への理解との間にはどのような関係があったのか。

　戦後ガイダンス論導入期の社会情勢は、「子どもの非行と貧困」であった[(注1)]。それまでの反省から子ども中心主義の教育論がめざされた時代、生徒指導は知能検査や問題児の抽出やその技術、性格検査を主とするカウンセリング論へと移行し、ガイダンスがカウンセリングへと変化し、社会防衛の立場

となり、それまでの個と生活環境の相互作用や子どもの生活現実に立脚した戦前からの生活綴方教育などと対立してきた歴史があります（宮坂哲文・1962）。敗戦直後から1950年代にかけ、ガイダンス運動は社会の担い手となる子どもたちを育てようとする目的において、教育学や社会福祉学、心理学などに幅広く影響を与え、いずれもこうした同時代性を帯びる特徴がありました。しかし、その際、ガイダンス論はアメリカでの社会潮流と同様、子どもの成長や発達に関わる様々な領域・分野へと浸透はしたものの、それぞれの分野・領域の中で個別に発展し、相互の共通項が確認されないままでした。ゆえに、学校教育と学校福祉事業の研究や実践の間に明確な交渉があったとは言い切れません。

　したがって、この問題史的検討では、戦後新教育期にアメリカから導入されたガイダンス論を源流とする生徒指導の中で、学校福祉事業の機能や目的がどのように認識され、またその逆がどうであり、そこから今日求められる生徒指導と学校ソーシャルワークの関係にとってどのような有効な結節点やその萌芽があるのか見ていきます。

2　戦後新教育のガイダンス運動と生徒指導

（1）新教育におけるガイダンス論

　ガイダンス論の導入期における生徒指導がもつ福祉的視点を見てみます。

　日本における生徒指導の歴史には、大正期の児童中心主義（デューイのプラグマティズム）や生活綴方教育（鈴木道太・1972）から戦中の錬成主義教育による停滞期を経て、戦後新教育にあたりアメリカから移入されたガイダンス論を通じて、学校の活動領域で発展した形成過程がありました。戦後の新教育とは、敗戦後の世界観や人間観の革新、教育基本法の公布、近代自由主義、個人主義による教育の目的や方法の「新しい方向」（日本の現状と国民の反省、軍国主義及び極端な国家主義の除去、人間性・人格・個性の尊重、科学的水準及び哲学的・宗教的教養の向上、民主主義の徹底など）をめざすものでした（文部省・1946、日本書籍・1948）。

　その中でガイダンスという言葉は当初、戦前戦中の「指導」という言葉を禁忌するところからはじまります。1947年に日本で最も早くガイダンス研究に取り組んだ教師養成研究会は、教育改革を指揮したCIE（Civil Information and

Education Section）を通じて（教育指導者講習会・1951）、『指導—新しい教師のための指導課程』を公刊しました。その中に戦時下の鍛錬主義的訓育と個々の人格が否定された精神主義への批判から、ガイダンスは「生活活動のあり方について各自が生活を設計し営んで行く上で、必要な援助を必要なときに適切に与える用意とプログラムをさす」（教師養成研究会・1948）とされました。

このガイダンス（guidance）の本質は、子どもと教師、子どもと大人の間にいかなる関係を生み出すのかを根本的に問い直しながら、子ども・青年の自己認識や他者認識、社会認識を育て高めていく方法論的機能です（トラックスラー, A.E・1949）。戦後新教育においてガイダンス論の代表的な一人、ジョーンズは、「個人の旅の中で、すぐれたガイドによって行われる援助（help）がガイダンスです。ガイドは、以前にそこへ旅した経験や、そこへの道のりの特徴について旅行者以上に知っている必要がある」（Jones, A・1945）とし、「ガイダンスは誰かによって与えられる個別的な援助（personal help）です。つまり、どこへ行きたいか、何をしたらよいか、どのようにすればその目的を達成できるかを決定する過程の中で援助することです。また彼の人生の中で生じる問題を解決する中での援助です。それは、個人の問題を解決するよりも、個人が問題を解決することを援助します。ガイダンスでは、問題に焦点がおかれるよりも個人におかれます。つまり、その目的は個人が自己指導（self-guidance）能力を成長させるなかで援助します。こうした援助は、個々人や集団の中の個人に与えられるかもしれないが、それは常に個々人を援助することを意味する」（Jones, A・1945）。この教育哲学は日本の教育現場にすぐさま大きな影響を与えました。

（2）生徒指導の形成における「自己指導」

1950年前後、こうしたガイダンスの啓蒙書は、1946年に 8 冊、1947年に12冊、1949年に 6 冊、1949年に34冊と爆発的に増え、50年95冊、51年は90冊と増大しています（鈴木庸裕・1994）。これらの文献の内容をいくつかのカテゴリーで分類すると、ガイダンスの意義、教育指導の地位と領域、入学前後の指導、特別指導、教育課程の選択、教育指導のための組織、進路指導の方法、学習不振児や障害児の知能検査、心理検査となり、後年になるほど心理学的知見による

検査技法が主になりました（小見山栄一・1949）。

　その変容を示す時期区分について、当時文部省の視学官であった井坂行男は、1945年から1951年を新教育の時代、1952年から1958年を日米講和条約から特設道徳、1959年から1965年を特設道徳から『生徒指導の手びき』と三つの時期に区分しています（井坂行男／坂本 昇一・1965）。1949年の『文部省設置法』の第 8 条で初等中等局の事務に明記されたのが、学校管理や教育課程、学習指導法とともに生徒指導を含めた専門的、技術的指導と助言です。また「一人の生徒の全体的指導において教育指導、健康指導、職業指導、人格指導、余暇利用指導」があがりました（文部省・1951）。生徒指導について小学校（文部省・1949a）では「人間性指導」、中学校と高校（文部省・1949b）では「自己指導」が示されるようになりました。

　特筆すべきはこの時期まで、青少年保護育成運動や不良化防止、青少年対策全般、覚醒剤防止などの事項は文部省の初等中等局でなく社会教育局に帰属していましたが、この時期を境にして生徒会・児童会やホームルームなどと並び学校の生徒指導に入りました（文部省・1951）。戦前から長らく児童教育相談は学校ではなく、各地の児童相談所や児童院などにおかれ、知能検査や適性相談が学校教育活動の機能として位置づいていませんでした。社会運動としての精神衛生運動や職業指導、教育相談が行政的施策であった歴史から見て、この時期ようやく生徒指導を媒介として教育相談機能が学校の中から生まれました（飯田芳郎・1970）。ガイダンスは子どもが教育機会を最もよく利用するように助けるもの、子どもが学校に適応できるように助けるものとされ、ガイダンスの究極は子どもの自己指導です。ゆえに、「自分で自分を指導し導き成長する」、「自分で考え自分で決めて実行する」自己決定において、多少とも子どもの適応において環境の改善を求める必要がありました。しかし、子どもの環境問題が課題より個人自体を課題とすることに力点がありました。

　なお、この時期、戦前戦中の修身科が廃止され、道徳教育を学校教育のすべての領域で行うことが模索され、ガイダンスが道徳教育の推進と重なり、さらに個別指導における対症療法や問題解決的介入と結合しました。そのため、戦前の生活教育に起源を持つ生活指導から子ども集団への無関心さとして批判され、学級集団に着目した指導法（集団主義的生活指導）からの問題提起が高ま

りました（澤田慶輔／宮坂哲文・1957）。

　ところが個性指導が持つ複雑さゆえに、生徒指導のとらえ方は心理学的理解以外には広がりませんでした。戦後数年にわたり、戦時中の当然の結果である子どもの学業不振や生活困難に対し、このガイダンス論は接ぎ木であり、結果、哲学的基礎の不十分さゆえに、ガイダンス即児童生徒の分析診断やガイダンス即クラブ活動あるいはホームルームという表面的形式的な理解が広がりました。

（3）カウンセリングへの変容と「積極的生徒指導」と「消極的生徒指導」の成立

　そこに、ガイダンスの主な実践的な手法としてカウンセリングが台頭することになりました（坂本昇一・1977）。アメリカにおけるガイダンス論の発生は学校福祉事業の「訪問教師」運動と同時期であり、その起源が職業指導からはじまっていることは周知の通りです。また、ガイダンスの歴史はカウンセリングの歴史の中に多くが残されました。全米職業指導協会を前身とするアメリカカウンセリング協会の発足時（1913年）、ガイダンスに対するニーズには経済的ニーズ、社会的ニーズ、教育的ニーズがあり、その目的は産業界における労働者の効果的な選抜、生徒による懸命な教育プログラムの自己選択、社会秩序の維持です。特にアメリカでは1958年の「国家防衛教育法」を契機に学校カウンセリングと心理テストが宇宙開発や科学教育に有益な人材の発見という社会・経済に関わる教育方法とされました。

　戦後日本でも同様に、教育界では、個人の発達に焦点があたりました。これはロジャーズ．Ｃに代表される「教育としてのカウンセリング」で、カウンセリングが教師＝カウンセラーといった教育の機能自体と見なされました。そもそもカウンセリングはガイダンスの一般的な機能の一つでしたが、ガイダンスがカウンセリングの一つの機能へと逆転しました（中野良顕・2000）。坂本もガイダンス実践の主たる方法としてカウンセリング理論を考察し、ロジャーズの「来談者中心主義療法」がガイダンスからカウンセリングへの転換に大きな役割を果たしたと分析しました（坂本昇一・1975）。

　当時、教育心理学者によるガイダンス論への寄与について、澤田慶輔は科学的な個性理解をもとにして個性指導の側面を担当するとし、「生徒の周囲の諸

条件をかえることが早急には期待されない状況下において、それらの現状への生徒の不適応が生徒の将来の健全な発達を阻害する恐れがある場合には、生徒が適応を回復するように援助することが、生徒指導においては革新的な課題であると信じている」（澤田慶輔・1949）と述べています。蜂屋慶も、「自身の不安定感のためにそれを介して観念技術を習得する社会環境に参加することができない、あるいは参加すべき社会環境・学級の人間関係と甚だしく異なった社会環境を有している」（蜂屋慶・1957）と。このことが、ガイダンスを子どもの学校生活への適応や不適応予防、様々なタイプの不適応の見極め、不適応ケースの診断、治療的措置の発見をめぐる効果測定などへと急変せしめました。その中で、ガイダンスは積極的機能として、子ども自身の社会環境を介して感応技術を習得する指導と、消極的な機能として、個別の問題児を指導し社会参加を可能にする指導という二つの区分が生まれました。そのことにより生徒指導の構図として、「児童生徒を理解する方面」と「児童生徒に助力を与える方面」があり、後者はさらに「どの子どもにもさらによりよき発達を計る積極的な意味の指導」と「ある特定の困難、欠陥、問題を持つ子どもに必要な助力を与える消極的な意味での指導」に分かれました（井坂行男・1953）。ここでいう消極的とは、学校適応の原因となる情緒的問題への援助となり、家族や環境の中にある矛盾葛藤に対し、一人一人を援助し、一般的な子どもと特別な子どもを分けて対応し、結局は形式的な機会均等という意味で「すべての子ども」という表現です。

（4）生徒指導における社会福祉をめぐる考察

　こうした導入期である1949年に『ガイダンス』を著した赤井米吉は児童福祉法の習熟を少なからず論じました。少年労働と児童福祉への言及を含め児童労働問題や労働時間、深夜業・炭鉱労働や労働契約などを著し、家庭の経済問題に「触れざるを得ない」という点を強調し、児童福祉の精神や児童相談所や養護施設などの紹介とともに、学校関係者にその素養を求めました（赤井米吉・1949）。この赤井は個性重視と「労作教育」を重視し大正自由教育の流れを汲み、成城学園の教諭から1924年に明星学園を創設した一人です。赤井はガイダンスの概念を単に拡張したのではなく、子どもの個性への働きかけと学校自体

の教育評価を結びつけていました。アメリカのガイダンス論を直接翻訳したガイダンス論が大半であった中、極めて着目すべきものです。

さらに、澤田の次のような「ガイダンス・ワーカー」の紹介があります。これは、（ア）学科の教室およびホームルームにおいて、また課外活動の援助者として働く教師、（イ）先の（ア）との連絡調整や援助、補足するガイダンスのリーダー、（ウ）精神医学や心理学、社会事業、職業選択といった専門家、（エ）社会教育、地域の医療機関、児童相談所、司法、レクレーションなどの諸機関として、教師一人で対応できるものではない職種。この（ウ）を学校に配置することが無理なため、（イ）に着眼し「教師には児童福祉の素養があり、児童生徒の要求に敏感であること」（澤田慶輔・1949）を要望しました。子どもが口にしようとしないことを可視化できる環境への働きかけとして訪問教師の存在に期待を示しました。

このようにガイダンスの導入時に社会福祉への言及について量的な蓄積は少ないですが、ガイダンス論からカウンセリングへの転換をめぐる言説にあっては社会福祉的価値を認める多様さがありました。ガイダンスの技法の一つとしてのカウンセリングが位置づこうとしたときも、ソーシャルワークは治療や介入、問題解決だけではなく、教育としてのソーシャルワークの意義を導く機会があったものと思われます。ただ、ガイダンスが個と環境の相互関係について実践を深める前に、1950年代半ば以降、講和条約後にアメリカから離れたあとの国づくりのために道徳教育の推進が復興し、また、その道徳は福祉を哀れみとして理解したため、教育現場における学校福祉事業の定着はありません。

以上のように、戦後、アメリカから「移植」されたガイダンス論は教育のみならず、心理、福祉の領域にも大きな影響を与え包括的な機能概念として発展したにもかかわらず、教育における生徒指導では導入の早期より心理学主義的偏向があり、子ども理解やその方法論に狭さがありました。子どもの生活境遇を変えることはできないがゆえに、子どもの「自己指導能力」に着目します。つまり、生徒指導は個に与える社会的背景を認めつつも、「問題児」や「学業不振児」の検出方法や調査技法として定着していき、個人の社会適応が重んじられ、個人を社会変革の主体とみることが後退しました。これは技術というもの自体が子どもに社会適応を求めるという目標に結びつきます。50年代の生徒

指導は、学校が持つ社会的機能のあり方を大きく変容させ、生徒指導は子ども
を社会的に統制する教育機能となる素地をつくりました。

3　学校福祉事業の学校論と子ども観

（1）教育基本法と子ども福祉

　次に、戦後新教育の時期に、学校福祉事業は生徒指導の領域やその機能をい
かに見ていたのか。まず村上尚三郎や上田千秋の学校教育に関する諸論からあ
たります。

　戦後新教育期、教育基本法の実質的な充実、「平和」や「真理」を希求する
国民づくりをめぐる実質的な達成がめざされました。教育も福祉も肩を並べ、
「社会発展のための、好ましい変革へよせる期待」（村上尚三郎・1971）があり、
望ましい学習環境、子どものしあわせや願いを実現させる教育行政、教師の労
働条件にこの視点が及んでいきました。特に村上は「学校適応を前提としたす
べての子どもの心と体の健全な保持・促進のために、子ども並びに子どもの環
境の中で起こる社会的経済的情緒的身体的問題を、それぞれの専門的な立場か
ら計画的組織的に解決する手立てを講じることで、教育条件のよりよい整備充
実を図る積極的活動」（村上尚三郎・1969）の重要性を説きました。学校教育
との接合という面では、基本的人権が保障される社会を形成していくには現実
の様々な社会福祉問題に子どもたちがふれつつも、社会福祉制度や各種の社会
資源をみずから活用して、問題解決をはかる実践的能力を身につけることへの
意図的な働きかけという、いわば今日の福祉教育の理念が重要な基盤でした。

　また、上田も、当時の少年非行の増加という目先の現実を過大視して、その
過渡的、ないし表面上の課題解決をめざすような「社会事業」の導入に反対し、
未来の社会を担う若き市民の教育のために、今なにが必要であるかを考え、そ
のための条件を整備した上で、真剣により広義な「学校社会事業」を考えるべ
きであるという立場を示しました（上田千秋・1965）。

　社会福祉がすぐさま学校システムや人格形成のモデルを示すことはありませ
んが、学校教育と社会福祉の結合をめぐる方法論的価値に研究的視座の軸をも
たせていました。当時、アメリカの学校福祉事業の紹介や教職者の専門性に対
する社会福祉からの提起や議論の紹介は数多くありました。しかし当時のアメ

リカにおけるスクールソーシャルワーカーの役割や活動実績の現状も複雑であったため、日本の生徒指導との関係については、一番ヶ瀬がアメリカ通史を論じる中で指摘するように、変化の事実ではなく変化をつなぐものへの関心としてとらえられていました（一番ヶ瀬康子・1963）。

（2）岡村重夫の3段階論

　その中で、生徒指導との関係をやや直接的に論じたのが岡村重夫と寺本喜一です。岡村は、学校福祉事業の機能を学校の生徒指導と重ねることは「全くの見当外れ」（岡村重夫・1963）であるとしました。すなわち生徒指導がいう「すべての子どもたちの人格形成をめぐる自己指導能力」とは区別されるものであり、学校福祉事業は子どもの人格発達にとって補足的サービスである、と。その中で、学校カウンセリングと学校ケース・ワークとを比較して、前者を子どもの内部資源としての能力を開発するためにカウンセリングを用いていることに対し、後者は「そこにはない1つの特徴」（岡村重夫・1963）として社会資源の提供があることを示し、学校福祉事業にはソーシャルオーガニゼーションが必然的に含まれるものだとしました。さらに、「学校福祉事業は、児童の学習に対する予備的条件を整備するとしても、それは医学的な側面や心理学的立場ではなく、児童の家族関係を含む社会関係、すなわち社会制度との関係的側面からの援助であることに注意せねばならない」（岡村重夫・1963）とも喚起しました。

　これは、個と環境の相互作用の意味で、学校福祉事業は個の人格形成や個性形成への対人援助と、学校そのものや組織そのものへの援助関係に実践的観点を示しました。ガイダンスからカウンセリングの発展を軸とした生徒指導には欠如した、今日でいう学校ソーシャルワークにおける「学校アセスメント」や「地域アセスメント」に関心が向けられていたことになります。

　岡村は『社会福祉学（各論）』において、義務教育と社会福祉との関連における歴史上の3段階の時期区分を示しています。第一段階は、子どもの生理的生存のみを認める恤救規則から昭和初期の救護法までの時期です。第二段階は、権利としての教育を認めるものではなかった小学校令にみる義務教育の免除猶予規定が貧困や障害や疾病にある子どもたちを排除してきた時期。そして第三

段階は、子どもの福祉を守るための諸サービスを、50年代から60年にかけては学校教育制度の中に社会福祉的機能を取り入れる段階という指摘をしました（岡村重夫・1963）。

　この時期は、すべての子どもを条件として開放された一般的な福祉的サービスと子どもや保護者の個別条件に応じて提供される特殊なサービスとが自由に選択でき、さらには学校給食法や学校保健法の形成にみるような学校への福祉サービスの存在です。岡村によれば、義務教育と子どもの生活権保障とが社会福祉の中で合致してきたわけではなく、「教育を疎外した救貧事業は、将来の生活困窮者を再生産するという不合理に気づかざるをえなかった」（岡村重夫・1963）とし、当時の生活保護法が教育扶助と職業的訓練に止まった点を批判しました。このことは「教育制度のなかの社会福祉」（岡村重夫・1963）において、すべての子どもを対象とする教育に関心があったことを示しています。

　この時期は、1953年に高校進学率が50％をこえ、「すべてのものに中等教育を」という世界教育史における課題へ日本がようやく到達した時期であったことは見逃せません。ただ、岡村の学校福祉事業論は当時の現実の必然に必ずしも沿うものではないとし、「家族福祉や隣保福祉などの社会福祉の理論」と同じ枠組みで学校福祉事業についても語られていた面もあります（仲村優一・1967）。つまり、教師や保護者に親権あるいはその代理があり、地域のすべての子どもを対象とする教育分野の固有性への実際的理解においては課題がありました。

（3）「学校の場に応用された社会福祉事業」（寺本喜一）

　次に、寺本喜一はアメリカにおける学校福祉事業の日本における導入や適用について以下のように見ていました。ガイダンスはケースワークの技術内容と関わって紛らわしいものであり、児童相談やケースワークという生徒サービスの分野には属さず、教授や人格形成は教師が担当する教育内容と見ていました。「学齢児童生徒の就学並びに学習を阻害する社会的条件並びに社会心理的条件を排除するために、学校の場に応用された社会事業」を学校福祉事業といい（寺本喜一・1957）、それは教授効果をあげる援助ですが、「教育」そのものではないと述べています。学校福祉事業はガイダンスなどの人格形成でもなく、

「傷ついた人格をいたわる役目をすることによって、ガイダンスの前提条件を
つくるが、人格形成そのものではない」と（寺本喜一・1957）。

　さらに、1950年代、学校への養護教諭配置の法制化が動き出した時期、家庭
訪問員や保健主事、栄養士、職業指導主事の専門的な機能が専門職化されずに、
一般の教諭の職務の中にその専門性が止まったこと、及び教育委員会制度の発
足後、教育行政に保護者や地域住民が参加する機会を PTA 活動の形で求め学
校教育のそうした社会組織化をめざすこと、そして「学校教育の限界を意識し、
家庭も社会もその役割を分担する」こと（寺本喜一・1952）に言及しています。
特に地域の社会資源として PTA に期待する中で、学校における子どもへの「性
格指導」や「保健指導」、「職業・生活指導」を補強する補導主事や保健主事、
職業指導主事の法制化を促進する社会資源として、強調したのは PTA 組織の
存在です。寺本は、こうした筋道を児童福祉プログラムの範とし、これが学校
福祉事業として教育の社会組織化と関わっていくことを提起しました。

　この寺本は貧民学校（ペスタロッチ）や小学校の授業料徴収、1900（明治
33）年の市町村立小学校教育費国庫補助費法の成立を紐解き、不就学と非行へ
の対応を実践的に考えるに至っています（寺本喜一・1953）。アメリカなどの
義務教育と学校社会事業の関係をめぐる経緯と日本の現状を踏まえ、その中に
位置した学校支援人材を取り上げ、人的資源のありよう、後年の「スクール
ソーシャルワーカー」の配置に言及し、学校に学校社会事業主事の定着を図る
指摘もあります。この人材は、学校に通えない子どもたちに対応する児童福祉
司とは違い、この主事の仕事はすべての子どもに行き渡り、予防的段階を含み
込む活動の担い手です。また、特筆すべきは教育行政が発表する不登校児童生
徒の数値やいじめの件数、さらには生活保護家庭数や準要保護家庭数、給食費
未納数の増加への対応といった「現実的近視眼的処置」から学校福祉事業が出
発することを強く戒めました。

　先述したように、当時の生徒指導にはガイダンス論の多義性について、寺本
による直接的な言説はありませんが、学校福祉事業の成立をめぐって、不就学
と就労、義務教育年限における青少年非行の割合の大量処理をめぐるガイダン
スの質的専門性について、ケースワークとカウンセリングの関係把握を改めて
深めています（寺本喜一・1961、1980）。その際に、アプテカーやロジャーズ

の同時代的考察やアメリカなどでの理論的言説については紙面の都合で割愛しますが、その帰結として以下のことを示しています。つまり、ガイダンス運動による関係機関自体のカウンセリング偏重や医療モデル化により、様々なケースワーク（ソーシャルワーク）の担い手たちが、地域の諸機関に本来求められる機能と異なる職員の技量にあわせて連携しなければならなかったという現実に直面したという点です。

3 「すべての子ども」へのまなざし

（1）学校ソーシャルワークへの視点

　岡村は「学校福祉事業の機能」について生徒指導と重ねることはできないとし、寺本も学校の生徒指導と多少の共通点をもちつつも、学校福祉事業は「躾や訓育や学習の前提条件」（寺本喜一・1960）をつくりあげるものとしました。

　ここではあくまでも文献研究であるという限界もありますが、1950年代半ばまでの学校福祉事業は、子どもの学校生活への適応や再適応を旨とするガイダンス論やカウンセリング的潮流や言説と対峙していたことがわかります。日本でのガイダンス導入期、アメリカ的児童観を根底におく新教育では、「発達とは大人の世界に適応する過程である」（依田新・1951）とする楽天的なものだとも言われました。

　そうすると、冒頭で述べた「子どもの貧困」などへの学校ソーシャルワーク実践の関わりは、ガイダンス論を源流とする生徒指導をコンテキストとするような子ども理解や社会的支援のありようでは根底からの対応は困難になります。しかも自己指導能力の形成を旨とする生徒指導の領域に学校福祉事業が根ざすには、子どもにとって最善の教育環境を創出するという点で、個が学校に適応するのではなく、個に適切に応答する学校の改革への注視を踏まえる必要があります。

　学校福祉の社会的な営みが学校教育システムに関与する際、大切なことは「すべての子ども」を対象とすることにあり、個別の問題行動（問題解決）を基調とするものではないという立論です。個々の子どもの問題状況よりも、すべての子どもに普遍的な発達や尊厳の問題を扱います。そして問題を持つ子どものみならず環境要因に悩む子どもたちに対して、学校組織や地域全体の変容

も欠かせません。その意味では、現行の生徒指導において、学校ソーシャルワークがその固有性を明示していくには、個別支援におけるケース会議でのコーディネートや多職種チームにおけるアセスメント能力の専門的方法論を主として他の専門職や教育関係者との違いを際立たせなければなりません。

　また、こうした学校組織全体の改変とともに、子どもの発達保障が実践的価値の基礎となる必要があります。日本において、学校教育と社会福祉の結合が広く社会的課題として取り上げられてきた歴史的画期には共通点があります。それは急激な社会変化による子どもや青年の生存権と学習権の危機的状況です（近年では若者のひきこもりや就労支援などにも及んでいる）。

　こうした点について、これまでで述べたように、教育福祉論の小川利夫は社会教育の立場から福祉と教育の「谷間」による学習権保障の問題、つまり社会福祉の中に「未分化のままに包摂され埋没させられている教育的機能」（小川利夫他・1972）という課題提起を行ってきました。ただこのことは、当時、教育福祉論の諸論を通じて、社会福祉の「問題領域の指摘」を示したものでした（遠藤由美・2001）。小川の教育福祉論に対し、子どもの発達保障への視点から見た学校福祉としての教育福祉論（増山均・1999）です。学校教育と社会福祉をつなぐその結節点の実践的課題が単に文部科学省と厚生労働省の行政的な縦割りによる分断や施策の空白の問題だけではなく、要するに教育と福祉を二項対立的な発想でとらえるのではなく、それを乗り越える視点として、発達保障論の視点からの再検討です[注2]。これが生徒指導と学校福祉事業の関係把握をめぐる考察から得られた一つの帰結です。

（2）子どもの目を通じた生活現実の改変と学校福祉事業の結合

　もう一つが子どもを社会変革の主体として育てていくことをめぐる福祉的機能です。

　すでに述べたように、学校福祉事業は諸外国においても、義務教育制度と児童労働の禁止との関わりを出発点としています。城丸章夫は「さまざまな福祉政策が必要であることと、義務教育制度そのものが、福祉政策の一環として位置づけられていなければならない」（城丸章夫・1973）とし、「義務教育制度を社会福祉の一環としてとらえるということは、学校が福祉施設の一種として、

とりわけ、子ども預かり所としての特質をもつものとしてとらえねばならないことを意味する」（城丸章夫・1973）と日本の学校をめぐる社会福祉との関わりを紐解きました。

学校が福祉を問題にするのはそこに子どもの生活要求や生活行動があるということ、さらには子どもが環境に働きかけることを保障する場であり、「与えられた環境に適応することを保障するのではなく、変えられないものではなく、自分で、自分たちで作りかえていく、そうしてもよいもの、失敗してもそこから学べる」学校のあり方を指摘しました（城丸章夫・1974）。教師（支援者）は子どもを実践の対象（主体）として把握し、子どもの目や視点を通じた生活の改変とその保障が大切になるというものです。

学校が生活環境の変革について「自分たちでつくりかえる」、「失敗から学ぶ」ことを保障する場として自由や安心、安全を持ち得ない限り、みずからの生きづらさや困難、差別、排除といった子どもの実生活を学校に直に持ち込むことは危険です。生徒指導が直ちに子どもの生活福祉一般を学校の福祉的機能や事業とすることは、福祉の両刃の剣、つまり福祉の制度化や「保護」を通じた子どもの生活の支配や管理の問題からみて慎重であらねばなりません（堀尾輝久・1976）。日本の学校の福祉的機能が地域や家庭の要求とその援助から発生してきた歴史をみても、学校教育が地域や家庭の教育力（愛護、養護機能を含む福祉機能）の低下を肩代わりする機能として存在するのであれば、いわゆる学校教育システムによる地域や生活への支配的な再編成を進行させてしまいます。学校の持つ社会的機能を通した子どもへの社会統制や社会技術の習得が、最低限度の保障ではなく最善の権利保障をめざすものになるためにも、生徒指導への批判性や公平性が大切な視点になります。

日本の学校ソーシャルワークをめぐり、今後、様々な歴史研究が求められます（注3）。ガイダンス導入期における生徒指導もその一つですが、生活綴り方的生活指導（鈴木道太や佐々木昂）や集団づくり論と学校福祉事業との関係を通じて、これからの学校ソーシャルワークに関わる実践的課題について着手しなければなりません。本講ではガイダンス導入時期から1950年代半ばまでの時代区分に依拠しましたが、1950年代半ばから1960年代前半に向けた特設道徳（道徳教育の公示）や『生徒指導の手引き』の刊行に着目することも意義があ

ります。なぜなら、長きにわたり日本における学校福祉事業の閉塞を生じさせ、岡村重夫のいう学校教育と社会福祉との関連における歴史区分の第3段階が、その提唱（1960年代）から半世紀の空白を生み出したのかについての理解にもつながるからです。

　本講の問題史的検討はいわば「否定の中に肯定をみる」ことを示すものです。

　子どもの福祉をめぐる制度的概念である「保護」を、学校が義務教育制度を活かして「肩代わり」するという理解（土井洋一・1990）は、冒頭で述べた子どもの貧困対策とスクールソーシャルワーカーの活用事業のつながりを考える上での一つの視座です。児童福祉のみならず、地域における子ども福祉の「肩代わり」を学校が担うという「奇妙な」日本の公教育システムを問題とすることだけでなく、その「奇妙さ」が学校におけるソーシャルワークの存在を、逆にポジティブなものにします。

　しかも、学校内外の様々な「反福祉的状況」を子どもがみずからつくりかえていく、その主体となるための「社会福祉的教育」あるいは「教育としてのソーシャルワーク」の実践構想にも視野を向けることができます。そのためには、学校ソーシャルワークが子どもにどんな力を育てるのか、生徒指導が社会適応としての自己教育力にあたることに対し社会福祉職による権利主体教育のあり方をいかに実践的なテーマにできるのか。これらは、学校教育の福祉的機能と社会福祉の教育的機能が交互作用を及ぼすその局面に、学校ソーシャルワークが根ざしていく実践理論を構築するために欠かせない歴史的研究となります。

　そして、日本のような学校と地域社会との境界面の多義性からみて、児童福祉サービスや子どもの発達権保障の観点による1980年代の教育福祉論の再評価とともに、日本における学校外教育や保護者の学校参加、子どもの地域福祉活動（社会的教育）などと学校福祉事業との歴史的な関係把握もこれから大切な研究視座となるのではないだろうかと思います。

───────────────

（注1）
　　当時、教育基本法の発布による個の尊厳や人格形成における福祉教育、福祉を通じた生活学習、教科書の無償や学校給食の開始、子ども銀行、机や教材の補充、さらには地域住民に

よる校舎改装作業に至るまで、社会福祉的実践は多様な現れ方がありました。その中で、「貧すればこそ賢にならねばならない」とした当時、教師の豊かな実践への想像力の醸成と貧困を自主的建設的に解決する子どもの能力育成が進められました。1950年代初頭、日本の教育界を牽引した教育技術連盟の雑誌『教育技術』や『カリキュラム』を通読しても、教育と貧困、犯罪、障害児問題は一連のものとして扱われ、成績の悪い子や知的な困難を持つ子どもには貧困世帯が多いという論調に終始し、さらに貧困が問題を引き起こすのではないかと論じつつも、「気にしてもわれわれ教師にはどうしようもない」という言質にあふれていました（教育技術連盟・1954）。

（注2）

　　城戸幡太郎は厚生文部両省連絡会をつくり、1946年8月に保育問題、戦災孤児、青少年不良化問題といった児童保護に関する両省の学制改革・児童保護制度改革の反目やセクショナリズムの打開を図ろうとしました。これは「児童保護収容所」での普通教育の実施や近隣学校との連携として具体化されました。こうした諸研究は障害者教育の分野における研究蓄積に負うことが多いです（髙橋智／清水寛・1998）。

（注3）

　　1950年代、教育委員会や地方教育行政において、「福祉教員」の配置や長欠児の学習機会の充実として、学校を通じた子どもの生活福祉に着目する「実践の事実」をめぐる歴史研究（倉石一郎・2007）があります。また60年代にはなるが教育行政機関の生徒福祉課設置に関する研究もあります（大崎広行・2007）。これらは、学校を介した社会資源との回路づくりのために、学校の内と外の開閉という境界面で、地方教育行政や教員、教育相談機関などがたちあがり、子どもの生活問題という教師から見れば「外部のもの」「はみ出したもの」に関わるというジレンマの中で、学校の福祉的機能を高めようとした人びとの姿が浮き彫りになります。

【引用・参考文献】
赤井米吉（1949）『ガイダンス』河出書房、P.161-162
井坂行男（1953）『指導』誠文堂新光社、P.26
井坂行男・坂本昇一（1965）『カウンセリングと生活指導』文教書院、P.48
飯田芳郎他編（1970）『生徒指導事典』第一法規出版、P.23
一番ヶ瀬康子（1963）『アメリカ社会福祉発展史』光生館、P.32
上田千秋（1965）「学校社会事業研究序説」『佛教大学研究紀要』48、P.222
遠藤由美（2001）「『教育と福祉の谷間』を問うて見つめて」小川・髙橋編『教育福祉論入門』光生館、P.220
大崎広行（2008）「日本における学校ソーシャルワークの萌芽」日本学校ソーシャルワーク学会編『スクールソーシャルワーカー養成テキスト』中央法規出版、P.34
岡村重夫（1963）『全訂社会福祉学（各論）』柴田書店、P.156、P.141-151
小川利夫・永井憲一・平原春好編（1972）『教育と福祉の権利』勁草書房、P.43
城戸幡太郎編（1934）『教育学辞典第四巻』岩波書店、P.8
小見山栄一（1949）『ガイダンス―指導の理論と方法』学芸図書、P.60
倉石一郎（2007）「〈社会〉と教壇のはざまに立つ教員」『教育学研究』74-3、日本教育学会

教育技術連盟（1954）『教育技術』小学館、P.36-39

教師養成研究会（1948）『指導』P.33

坂本昇一（1975）『生徒指導の争点』教育開発研究所、P.43

坂本昇一（1977）『ガイダンスの哲学的前提に関する研究』風間書房、P.186-210

澤田慶輔（1949）「ガイダンス」『教育』3（3）、P.37

澤田慶輔・宮坂哲文編（1957）『生活指導のあゆみ』小学館、P.7

澤田慶輔（1949）「ガイダンス・ワーカー」『教育研究』40、東京教育大学、P.9

城丸章夫（1973）「学校とは何か」『教育』国土社、P.8

城丸章夫（1974）「子どもの発達と現代の学校」『生活指導』190、明治図書、P.11

鈴木道太（1972）『鈴木道太著作選1』明治図書、P.108

鈴木庸裕（1994）「戦後生活指導研究における教育技術の問題史的研究Ⅰ」『福島大学教育学部論集』教育・心理部門56、P.29

鈴木庸裕（2015）「スクールソーシャルワーカーと学校福祉」『スクールソーシャルワーカーの学校理解』ミネルヴァ書房、P.6-7

髙橋智・清水寛（1998）『城戸幡太郎と日本の障害者教育科学』多賀出版、P.228

寺本喜一（1952）「学校社会と社会福祉との関連」『教育社会学研究』2、P.239

寺本喜一（1953）「『學校社會事業』成立可能假説」『西京大學學術報告・人文』3、P.23

寺本喜一（1957）「米国に於ける学校社会事業の展開に就いて」『西京大學學術報告・理学及び家政学』2（4）、P.98

寺本喜一（1960）『学校ケースワークと福祉教諭』京都府立大学青少年児童相談室資料第一輯、P.60

寺本喜一（1961）「ソーシャル・ケースワークへの本質的接近」『社会福祉学』24、P.24

寺本喜一（1980）「学校社会事業（SSW論）─学校ケースワーク・学校カウンセリングを超えて」『ソーシャルワーク研究』相川書房、P.70-73

土井洋一（1990）「〈教育〉と社会福祉の間」中内敏夫他編『教育─誕生と終焉』藤原書店、P.52-53

トラックスラー.A.E（1949）『ガイダンスの技術・（上）』（大塚他訳）同学社、P.5-8

中野良顕（2000）『学校カウンセリングスタンダード』図書文化、P.23

仲村優一（1967）「岡村重夫著『社会福祉学（各論）』を読んで」『社会福祉学』日本社会福祉学会、P.124

日本書籍株式会社編（1948）『新教育の道』日本書籍株式会社、P.65

増山均（1999）「人権論の到達と課題」『講座転換期の障害児教育第一巻・特別なニーズ教育と学校改革』三友社出版、P.211-230

宮坂哲文（1962）『生活指導の基礎理論』誠信書房、P.149

村上尚三郎（1969）「学校社会事業展開の一試論」『社会学部論叢』佛教大学社会学部学会4、p.72

村上尚三郎（1971）「義務教育課程における福祉教育」『佛教大学研究紀要』55号、P.310

村上尚三郎（1981）『教育福祉論序説』勁草書房、P.32

文部省（1946）『新教育指針』P.21

文部省（1949a）『児童の理解と指導』師範学校教科書株式会社、P.50

文部省（1949b）『新制中学校・高等学校の生徒指導』明治図書、P.126-130

文部省（1951）『新しい中学校経営の手引き』P.295

文部科学省（2010）『生徒指導提要』教育図書、P.1

文部科学省・中央教育審議会（2015）「チームとしての学校・教職員の在り方に関する作業部会」の中間報告（2015年7月16日）

蜂屋慶（1957）「ガイダンス研究（その2）」『人文研究』82、大阪市立大学、P.79

堀尾輝久（1976）「教育の本質と学校の任務」『日本の教育1・教育とは何か』新日本出版、P.103-104

依田新（1951）「新教育と心理学主義」『思想』1951、4、P.38-40

Jones, A.J（1945）Principles of Guidance, McGraw Hill Book Company, p.22-26, p.80

第5講 多様な困難を抱える子どもへの支援

　学校福祉をソーシャルワークの目的と価値の観点からとらえるとどうなるのでしょうか。ソーシャルワークとは、困難を抱える当事者がどんな経験や体験をしてきたのかを、複数の関係者（多職種）の専門的な知識を駆使してアセスメントを行い、そうした関係者の具体的な支援力を相互に高める営みです。ソーシャルワークが多職種協働の取り組みを創出することを指し示します。

　人びとの多様な困難は、見ようとしないと見えないものです。その意識的な気づきがあってはじめて困難への支援が真のものになります。特に学校では、教師やスクールカウンセラー、スクールソーシャルワーカーといった専門職の力量がその支援の対象把握や困難克服の筋道と質を規定してしまい、かえってあるケースを支援困難なケースにしてしまいます。多様な困難とそこへの不適切な支援が困難をさらに複雑化することもあります。第5講では上述のソーシャルワークの仮説的定義をもとに、困難のとらえ方やその克服的視点を考えます。

1　教育課題の中軸としての「子どもの貧困」

　「困った子は困っている子」という言葉が聞かれるようになって久しい。これは発達障害といわれる子どもとの関わりの中で、それまでの指導観の転換を図ってきた教師の苦悩と気づきから生まれたフレーズです（大和久・2006）。また、学校心理学のチーム援助において（石隈・1999）、「苦戦する子ども」と表記されることも多いのです。「○○ができない子」という否定的な呼称を避けようとする言葉の呼び替えではなく、つねに子どものことについて保護者を含めた援助チームで取り組んでいくという実践原理によって生まれてきたものです。苦戦するとは、その対象となる教室での学習や友人関係という他者の存在（環境要因）と向き合うことを意識しているからです。

　困難とは、国語の辞書的には物事をするのが非常にむずかしいこと、苦しみ

悩むことを指します。その際、誰にとっての困難であるのか。個別の子どもや保護者が対象になるのか、一つの家族や地域といったある人びとを指すのか。家族を一つのケースとして数えるのか、それとも家族の構成員の数だけケースがあると数えるのか。あるいは教師個人や学年集団、学校そのものを指すのか。

　学校で用いられる困難の言葉は、その原因や背景が把握できないがためにそう呼ばれる場合もあります。それは具体的な対処、とりわけ介入のあり方が見えないときです。子どもへの対応に苦慮したとき、学校現場で「複雑な家庭だから」「家庭環境の問題」という表現をよく耳にします。これは、もうこれ以上打つ手がなく教師や担任の立場では行き詰まっているときの常套句として示されがちな言葉です。誰にとっての困難なのかについては、支援や援助する側も困難の当事者であるため、教師としてどのように介入してよいのか、あるいはできるのか、そもそもしてよいのかという点にさらに枝分かれしします。

　そのほかにも「気になる子」という表現があります。これは、教師という同僚間の中で通用する言葉であり、その「気になる」とする根拠やその認否は教師（支援者）側です。学校でのケース会議では、多くの場合、保護者や子ども自身の参加（同席）を最初から想定していません。それは本人の同意がなく、その人の処遇や対応が話し合われることへの課題に意識が向かない場合が多いからです。これは障害者自立支援法への批判において、当事者が施策決定のプロセスに関与できないことの持つ課題と類似する事柄です。その点で、「困り感」という言葉もあります。周知の通り、この言葉は学研が商標登録した言葉で、「発達障害を持つ子の困り感」のように、発達障害が世間的に広く認知されはじめ、いわば出版事業や研修において「商品」になるという対象認識を図書や教材の業界が持ったことによります。その意味で、困難を誰がどのようなルールや基準で規定し認定するのかは、こうした消費文化からも影響を受けています。

　近年、ソーシャルワークでは、グローバル定義が見直され（日本社会福祉士会・2008）、困難について格差や障壁、社会的排除から苦しみを表出できない人びとへの視点として扱われます。多様な困難とは個を対象にするのではなく、その環境に着目され、困難が自己責任となってしまうことをいかに遮断ないし擁護するのかを心がける言葉となるのです。この自己責任とは、さらには社会

の中で孤立や個と環境の相互作用を閉じさせるものです。

　今日のいじめや不登校、貧困、児童虐待、避難者などはいずれも自己責任の中に閉じられた用語です。どのような気持ちで困難を抱えているのか。そして個人の身体的生理的精神的な困難が個人にその帰責性が求められ、支援の対象が個人のありようや自己資源の有無や強弱に向いていることに注意しないといけないと思います。

2　「困難を抱える」から「困難を経験している」へ

（1）「困難を抱える」こと

　私たちが支援対象を言葉で示すとき、ある目的や方法・技術、理念をも示します。「子どもと子供」「片親とひとり親」はその一例です。これまでにも、「障害のある人」と「障害を持つ人」という言い方に一定の差異がありました。子どもは障害を持ちたくて持っているのではないということから、「障害のある子ども」という呼称が教育界に根強くあります。他方、障害者福祉の分野では障害を持つ人、person with disorder（disability）の訳語として、障害とともに生活する人として、「障害はその人のごく一部の属性にすぎない」と考えます（定藤丈弘他・1996）。アメリカのバークレーでの自立生活運動の流れなどからも、障害を持つ人とは、個の尊厳に由来し、人びとのプライドを下支えする呼称でありました。その意味で、「抱える」とは、ソーシャルワークの視点であり、決して運命論的な面持ちではなく抱え込まざるを得ない抑圧やそこからの解放への意欲の両面に拓かれた言葉です。

　この「抱える」とは、近年、生徒指導の手引き書などで数多く見かけることができます。『生徒指導提要』ではスクールソーシャルワーカーの業務について「問題を抱える児童生徒を取り巻く環境に働きかけ、家庭、学校、地域の関係機関をつなぎ、児童生徒の悩みや抱えている問題の解決に向けて支援する専門家」とされ（文部科学省・2010）、さらに近年の中央教育審議会答申の「チーム学校」論でも、学校だけでは環境問題の解決が困難なケースへの対応をその活用の目途として示されます（文部科学省・2015）。ただ、学校におけるスクールソーシャルワーカーの必要性を示すために、その複雑さや困難さの標記が誇張されている面もあります。子ども自身ではなく、子どもを取り巻く環境要因

への介入という点では積極性があるものの、その積極性が教師の継続的な介入や気づきを役割分担の立場から消極性なものにしかねないからです。

　この「抱える」とは、困難を環境要因にも広げ、抱えざるを得ない状況にも支援の道を拓くために、多様な困難を生み出すものを一つひとつ明らかにできます。「困難を抱えること」ではなく「困難を経験している」と見ると、さらに多面にわたる介入の方法と専門職の広がりが見えてくると考えられます。

（2）誰が困難を規定するのか

　子どもたちの困難を可視化する上で、個の苦難への気づきについて、困難をめぐる規定が近年の議員立法などで示されています。教育現場ではそれらの法律とそれを受け入れる教育実践の現状との乖離の中で、改めて困難をめぐる対象理解に混乱が生じています。つまり、生徒指導や教育相談、特別支援教育の中で、一教師が何を根拠に子どもや保護者と向き合えばいいのかが不明確になり、そこに支援する側の困難の所在が生まれます。以下、そのことについて子どもの貧困問題から見ていこうと思います。

　「子どもの貧困対策の推進に関する法律」（2014年法律第64号）では、家庭の経済状況にかかわらず、すべて子どもが質の高い教育を受け、能力や可能性を最大限に伸ばして「それぞれの夢に挑戦できるようにする」としています。この法がいう教育の支援においては、学校を子どもの貧困対策のプラットフォームと位置付け、①学校教育による学力保障、②学校を窓口とした福祉関連機関との連携、③経済的支援を通じて、学校から子どもを福祉的支援につなげ、総合的に対策を推進するとともに、教育の機会均等を保障するために教育費負担の軽減を図るというものです。ここでは、生活困窮者支援、子ども食堂、ひきこもり支援など、在学中あるいは卒業後・進路変更後を見通した社会福祉サービスと家族支援を学校が仲介・調整・協働する筋道を構築しようとしています。しかし、これらは経済的困窮への関心に偏るものです。つまり子どもたちの生き方や生活の質の向上についてあまり問い出しをしていません。学校の関与や教職員の任務、義務において、子どもの貧困問題は従来の学校の管理職からすべての教職員にその範囲を広げ、これまでの連携の事実を業務としての事実に転換することを求めています。

3 困難の把握を曖昧にするカテゴリー

（1）いじめ認知をめぐって

　困難の把握において、それが他の言葉に埋め込まれ本質的な規定を希薄にすることもあります。2013年のいじめ防止対策推進法には従前の生徒指導やいじめ防止対策の事柄の中に、「学校は、いじめの防止等に関する措置を実効的に行うため、複数の教職員、心理、福祉等の専門家その他の関係者により構成される組織を置くこと」を義務づけました。いじめの定義（第2条）は「児童等に対して、当該児童等が在籍する学校に在籍している等当該児童等と一定の人的関係にある他の児童等が行う心理的又は物理的な影響を与える行為（インターネットを通じて行われるものを含む。）であって、当該行為の対象となった児童等が心身の苦痛を感じているものをいう」とあります。これは、文部科学省による2006年の問題行動調査時の指示事項と同様であり、今回の推進法は、その部分にいじめ認知のあり方とその際の防止対策（早期発見、具体的対応、事後対応）の組織化（いじめ対策委員会の設置）の二つに大きな「楔」を打ち込んだといえます。個別のいじめに対して学校が講ずべき措置として、①いじめの事実確認、②いじめを受けた児童生徒又はその保護者に対する支援、③いじめを行った児童生徒に対する指導又はその保護者に対する助言についても明確に定めました。自殺（自死）などに及ぶ場合の重大事態の認定や背景調査（基本調査・詳細調査）の実施についても学校や教育委員会が実施主体として実効性のある活動になることを規定しました。

　しかし、このいじめを示すカテゴリーは、他の用語を巻き込み置き換えられることがあります。2014年のいじめの認知件数を全国の都道府県で見ると当初90倍の差が見られました。その要因には、例えば、いじめられる子にも問題がある、被害者や加害者ともに発達障害の疑いがあるなどというストーリーにより、いじめへの組織的対応やいじめが持つ人権侵害の問題ではなく、個人特性や個人間紛争とみられ、「いじめ認知」ではカウントされていない現実を生み出したことも考えられます。その例が「いじめ」ではなく、「トラブル」ととらえてしまうことです。いじめ問題が相談に来た本人や保護者への「お宅のお子さんにも……」「見ていなかったので」「これ以上言われると我々の手から離

れます」といった対応によって、子どもや保護者の学校不信や社会的信用を減じる出来事となってはいないでしょうか。そもそもいじめとは、教師やカウンセラーだけで読み取ることはできず、ソーシャルワーカーや弁護士、医師などの多職種で議論してはじめて理解できるものではないでしょうか。

（2）「在宅生徒」としての不登校、発達特性としての発達障害

　次に不登校についてです。標記に示したこの「在宅生徒」とは、本書でも幾度か使っていますが、筆者の経験知による造語です（鈴木庸裕・2002）。25年近く前に、登校しぶりの中学生に家庭訪問を通じて学校復帰をめざす実践に携わりました。ちょうど、高齢者福祉において在宅介護支援が地域に浸透しはじめた時期、高齢者が医療機関から在宅に移行するときのケアプランや地域支援システムがありました。祖父母の介護と子どもの養育で苦労する母親の負担軽減にあたる介護職の業務からの発想です。学校が、この生徒は怠けているというまなざしを持つ中で、家庭環境の影響への理解を図り、その一方で地域からの多職種・多人材による1週間の組み立てを計画し、実行するコーディネートに関わりました。不登校生徒を在宅生徒と呼び示すことで、初期においてはインフォーマルな活動からその後に社会資源を呼び込み、さらにフォーマルな学校での生徒指導体制に転換できた例です。

　そのほかにも筆者は学校のケース会議などで、発達障害を発達特性と日頃から呼びます。発達障害という言葉が学校現場で出ると、それを聞いた関係者が偏ったストーリーで物事を見てしまうことがあり、子どもを見つめる周囲の大人たちの「眼」も硬直する（視野が狭くなる）ことがあります。安易にクールダウンのために子ども集団から取り出されてしまうと、子どもは子どもの中で育つという発達の原理（所属感など）が活かされなくなります。さらに、教室である子のこだわりを教師がマイナスの目で見ると周囲の子どももそう考えてしまいます。対人関係も、できることが増えるという右肩上がりだけの発達ではなく、発達するからできなくなることもあります。何よりも、子どもの問題を改善するという発想ではなく、子どもにとって必要な支援の資源を提供していくという視点が大切です。そのことで子どもが何を経験してきたのかを読み取ることが大切になります。　先のいじめ問題などと同様に、安易に発達障害

の視線を持ち出し、精神疾患で論陣をはるような保護者批判の周囲への伝搬は、いずれも課題が多いです。

（3）避難児童生徒のこころとからだ

　次に、震災後、仮設校舎に移転してから3年目を迎えたある中学校でのエピソードです（井戸川あけみ／鈴木庸裕・2015）。学校福祉をめぐる着想において東日本大震災の教訓は大きく、第6講で詳述しますが、他市町村の避難先から戻った子どもから、言葉少なく「震災さえなかったら。毎日学校が楽しかったのに、今は全然楽しくない」、「仲の良かった子も県外に避難していつも孤独だ」と話しはじめました。ある子どもは「震災後に行った学校で、いじめられて、たくさん泣いて、死にたいって思ったこともあった」と言います。避難先から戻った子どもの中には、転出先の学校で、学習の困難さや不適応をおこして保健室登校や別室登校、不登校になった子ども、いじめにあった子どももいます（以下、記録より）。

　朝、「先生、体温計を貸してください」、「足が痛いんだけど」、「今日は喉が痛い。大丈夫か見て」と矢継ぎ早に訴え、学級での健康観察より先に子どもたちの健康状態がわかってしまうほどであった。しかし、子どもたちは自分の状況を家人に訴えたり伝えたりすることはほとんどなかった。子どもたちの胸中に「親へ心配かけたくない」という配慮が潜んでいた。震災後、家族の都合で母親と離れて生活していた子どもは、毎日、高熱が続き「頭が痛い」と訴えて保健室に来るが、同居する父親には一言も具合が悪いことを口にしていなかった。「親には連絡しなくていい」、「大丈夫だから」と授業に戻り、家族を気遣って、自分の寂しさや苦しさ、不安を出さずに笑顔で頑張っている姿が見え隠れしていた。震災後の生活から、先行きの見通しが立ち行かないことを察する子どもの姿だった。

　失職したままの親や仕事のために家族が分断し離散した家庭、夫婦別居、祖父母との別生活、離婚（ひとり親の増加）など、震災前にあった生活環境は解体し、経済的な安定は保たれず、さらには賠償や補償金の格差により金銭の価値基準も崩れかけている。親もまた、生活のすべてが奪われた喪失感と見通しの立たない将来に、不安やストレスを感じ、体調を崩し、不安定になっていた。子どもからの体調不安の訴えは「SOS」の発信であった。

以上、こうした状況において、養護教諭は、どうすればSOSを出せる子ども
もを育てることができるのかに苦慮したと言います。保健室を訪れる子どもの
言葉や表情、身体状態から、教育的ニーズへの接近を試み、子どもの訴えに耳
を傾け、その解決を子どもとともに紐といていくことを行いました。学習の問
題も子どもにとっては深刻で、「先生、覚えたけど、次の日になったら忘れて
しまっている。どうしたらいいんだ」と切実に訴えてきた者、高校進学を目前
にして授業についていけない焦りや友人関係が次第に崩れ孤立していく様子に
あらわれていました。

　避難を経験した子どもとその子どもの環境の相互作用を見ると、家庭がもつ
困難さの個別性による分断が生まれ、それらは「学校が持つフィルター」によ
り選別され、先に述べたような「複雑な家庭」「家庭環境の問題」という対象
理解の言葉が示す閉ざされた用語によって風化してしまいました。

（4）家庭不可侵と家庭の資力への依存

　以上のような事柄から困難を考えると、次のような整理ができます。困難と
は、個人（本人）要因に求め、強いストレスや不安、精神的不安定、気力・意
欲の低下、判断能力の低下、社会規範から逸脱した強いこだわり、各種疾病、
各種障害といった個人的要因のみならず、社会的要因との複合性です。個と社
会（環境）との関係性にある社会的要因は、生活苦や生活環境の悪化、家族の
疾病、社会資源（サービス等）の不足、家族や親族との不和、近隣住民とのト
ラブル、職場や学校での排斥、地域からの偏見や無理解、孤立や排除に見るこ
とです。それ以上に、支援者側の不適切な対応にあるものとして、支援者主導
の対応や本人の意思や意向の軽視、本人の主体性の不喚起、不十分な連携と協
働、ネットワークの機能不全などがあげられます。

　困難事例にはこの支援者の不適切な対応に根拠があります。その中には、困
難の多様性により、一つの専門職による対応では苦慮する事象や場面があり、
困難を事例ごとに整理し一定の枠の中で系統立てて把握することの難しさです。
そして、困難さを呈する事象と原因の複合性により、困難事例の特徴は、複数
の困難事象が重複しさらに困難さが増幅されます。どちらが原因であるのかあ
るいは結果であるのかがはっきりしないこともあります。いずれも困難さをも

たらす要因が支援者側にあり、不適切な対応が困難事例を生み出し、さらにその状態を悪化させることになります。

　その要因として、学校→家庭→地域のベクトルで支援の道が延びる社会のありようがあります。これでは、学校がおのずと子どもの困難を家庭の資力（親の理解や経済力、他者とのコミュニケーション能力など）に依存する傾向を正当化してしまいます。ゆえに、家庭―学校―地域というように学校が家庭と地域（関係機関を含む）との仲立ちや仲介、調整するという地域の一機関になることです。ソーシャルワークはこうした課題に一つの波紋を起こすものとして、提案力を持っています。困難を他者と共通理解していく上で、家庭に依存する内実として「家庭不可侵」という障壁のあることがわかります。

4　ソーシャルワークから考える困難への接近

（1）困難への気づきとソーシャルワーク

　では、ソーシャルワークはこうした困難をめぐる課題にどのような気づきを生み出すのでしょうか。幾度も本書では示していますが、その専門職のグローバル定義を見てみたいと思います。

　「ソーシャルワークは、社会変革と社会開発、社会的結束、および人々のエンパワメントと解放を促進する、実践に基づいた専門職であり学問である。社会正義、人権、集団的責任、および多様性尊重の諸原理は、ソーシャルワークの中核をなす。ソーシャルワークの理論、社会科学、人文科学、および地域や民族固有の知を基盤として、ソーシャルワークは生活課題に取り組みウェルビーイングを高めるよう、人々やさまざまな構造に働きかける」（日本社会福祉士会・2007）。そして、ソーシャルワーク専門職の目的は社会変革と社会開発、社会的結束の促進、及び人々のエンパワメントと解放です。

　このエンパワメントとは「パワーを付与すること」と訳出される多義にわたる言葉です。その中で、B. ソロモンの次の指摘が有効です。「エンパワメントはスティグマ化されている集団の構成メンバーであることにもとづいて加えられた否定的な評価によって引き起こされたパワーレス状態を減らしていくことを目的とし、当事者もしくは当事者を擁護するシステムに対応する一連の諸活動に専門職が関わっていく過程である」（B. ソロモン・1978）。地域社会におけ

るエンパワメントアプローチの根拠です。

　個人的な回復モデル（医療モデル）ではなく、自尊感情の弱さや能力のなさが個人的な問題であるような把握に陥るのは、エンパワメントの資源を自己自身へのレッテル張りで管理を他者に任せてしまうからです。

　この定義の特徴として、ソーシャルワークの任務は、人々がその環境と相互作用する接点への介入です。環境は、人々の生活に深い影響を及ぼすものであり、人々がその中にある様々な社会システム及び自然的・地理的環境を含んでいます。ソーシャルワークの参加重視の方法論は、「生活課題に取り組みウェルビーイングを高めるよう、人々やさまざまな構造に働きかける」という部分です。ソーシャルワークは、できる限りにおいて「人々のために」というよりも、「人々とともに」働くという考え方をめざします。

（2）エンパワメントとパワーレス

　ただこのエンパワメントは幾分の自制がいります。それは専門職性がエンパワリングよりもディスエンパワリングの役割を果たしていないかという問題があるがゆえです。すでに E. ヤングハズバンドが指摘した点は今日的に見ても示唆的です。「ソーシャルワークにおいては他の援助専門職においてと同じように専門家がクライエントの利用できない専門的な知識を基礎にして所与のサービスの質や適格性を判定することを前提としてきた」（E. ヤングハズバンド・1956）という批判的な指摘に相当します。問題点や能力の欠如の状態を詳細に描き出して、あるクライエントをあたかも問題の集積のようにとらえて援助の対象化を進めていく問題と重なります。これは、スクールカウンセラーが学校における心の問題を科学的制度的に「問題の個体化」（佐伯胖・1996）を促し、子どもの生活経験から切り離し、心の問題克服に関する学校改革的アプローチを弱めている状況と響き合います。

　また、R. ゴムによれば抑圧と解放の関係が存在するといいます。「利用者があるサービスに頼る本来の原因が社会的な問題から生まれているのではなく、利用者自身の個人的な欠陥から問題が生じていることを信じ込ませてしまう。専門家たちは利用者自身に問題の対処ができるようにさせ問題状況に順応させ、そのことで政治的な事項を個人的な事項に変質させてしまう。そしてこうした

過程で、専門家の行為は多くの政治的なシステムが行っているのと同じように利用者を抑圧してしまう」（R. ゴム・1980）。

　専門家だけが所有する特定のスキルを用いて行う解決策を提示し、そのことで専門性が維持されることは、利用者が自分の問題を自分自身で解決していくのに必要なスキルや知識資源へのアクセスを妨げ、積極的な利用者の無力化が行われかねません。学校へのソーシャルサポートにおいて、制度的な構造（学校化）が、ある集団をエンパワーされる立場に押し上げ、根本的に人が他者をエンパワーすることそのものがもつ矛盾に気づきにくくなります。

（3）関係修復と公平性への気づき

　ソーシャルワークは、一人ひとりの人間が有する可能性（ストレングス）に焦点を当てます。困難があるとその解決に集中し、困難を取り除くことに努力するとかえって深刻化します。困難をすべて個人に還元し社会的な要因を不問にしてしまうことなく、逆に、ソーシャルワークは、個々人が持っている潜在的な力に着目して、それを最大限に発揮できるように支援し、困難を個々人がみずからの力で解決できるように努めます。ソーシャルワークに携わる者には子どもたちが持つ可能性をキャッチする鋭敏性が求められます。

　ソーシャルワークは、人と環境との相互作用を重視します。その環境とは、家族や友人関係から学校や地域社会などを含みます。この環境と子どもとの交流がスムーズでないと、様々な条件によって交流関係が不調となり不適合な関係が生じます。ソーシャルワークでは、その不適合な状態の関係修復を意識化することで、阻害された関係を適合的な状態にもっていきます。特に、個々人の力では著しい不均衡がある場合、環境に働きかけ環境が人のニーズに応答できるように調整します。この不均等に気づくには専門職の公平性が大切になります。

　孤立や無縁化が叫ばれる今日、いじめや不登校、発達障害などは、学校と子どもたちとの不適合状態を示す現象です。それらの問題を解決する上で、困難を把握する上での視点や方法技術において公平性が求められ、支援の継続性や包括性の基盤になります。

　では、これから多様な困難への支援において、その改善や克服として何が大

切になるのでしょうか。

　子どもの困難を認知した学校現場や教職員が集団として合意形成を行い、抑圧に打ちひしがれた子どもや自分に力量や自信がないと思われたくない子どもにとって、アドボカシーのシステムがわかっていれば遠慮なく発言や意思表明ができます。アドボカシーとは、自己の権利に対する消極的な態度の原因となる敗北感や孤立感、無力感といった経験に対し、自己を取り戻していく過程です。これは社会的弱者としての経験の克服に寄り添い、困難を経験している子どもの権利をその経験の事実から子どもと一緒に考え、積極的に本人の経験を保障することです。権利と責任の関係について、「責任（自己表現）を果たさないと権利はない」という考え方のような手続き的権利ではなく、人権擁護としての実態的な権利が認められねばならなりません。そのためには従来の教育単一の職種ではなく、心理や福祉、医療、場合によっては司法といった多職種による関与が求められます。

【引用・参考文献】

石隈紀利（1999）『学校心理学』誠信書房、p.25

井戸川あけみ・鈴木庸裕（2015）「震災復興と学校福祉（5）」『福島大学総合教育研究センター紀要』19、p.91-98

E. ヤングハズバンド（1984）『英国ソーシャルワーク史・下』（本出祐之監訳）誠信書房、p.39-40

Gomm.R.（1993),Issues of power in health and welfare,Saga Publications,London,p.131

大和久勝他（2006）『困った子は困っている子―「発達障害」の子どもと学級・学校づくり』クリエイツかもがわ

佐伯胖（1996）『教育実践と心理学の間』東京大学出版、p.159

鈴木庸裕（2002）「学校ソーシャルワークの実践的課題と教師教育プログラム」『福島大学教育実践研究紀要』39、p.38

日本社会福祉士会：2014年7月メルボルンでの国際ソーシャルワーカー連盟（IFSW）総会及び国際ソーシャルワーク学校連盟（IASSW）総会で採択された「ソーシャルワーク専門職のグローバル定義」より

文部科学省（2010）『生徒指導提要』教育図書、p.6

文部科学省（2015）中央教育審議会「チームとしての学校・教職員の在り方に関する作業部会」の中間報告

子どもの貧困における「子ども理解」
東日本大震災後の「支援」をめぐって

　学校福祉の実践を社会現実の中で検証する機会がありました。それは東日本大震災下での教育復興です。

　被災地へのまなざしが、子どもの貧困や生活困難にとどまることが少なくありません。それは被災した個の経験や成育歴を読み取り、そのことを援助者や支援者が「わがこと」とし、被災者を支援や援助の対象として見つめなおす洞察力（想像力）に弱点があるためです。今日の「子どもの貧困」についても、その現実に気づく力と子どもの経験を読み取る力を我々が獲得してはじめてとらえることができます。

　本講では、子どもの貧困をめぐる「子ども理解」とそのあり方について、東日本大震災後、特に福島における震災直後の子どもたちの声と今を振り返る若者たちの声から、子どもの貧困をどう理解し、そこに多職種協働を具体化する筋道について論じます。

1　今日の子どもの貧困理解

（1）放射能汚染後の福島からの問い

　福島県内では、各地点の放射能観測値が毎日、テレビの天気予報と並んで放映されています（**図1**）。これは、東日本大震災と東京電力福島第一原子力発電所の事故（事件）をめぐる複合的な被害が今なお継続中である証です。観測地点は福島県内に限られていますが、厳密には、福島隣県にも及ぶ事態です。

　「3.11」は半年単位や〇年目という震災のメモリアル的な符丁となり、内容面では風評払拭や地域の農林水産業や観光業の復興をめぐる話題や広報に姿を変えてきていました。防波堤の建設や居住地移転など、災害後の街並みは目に見えて変わってきた地域も少なくありません。除染作業も事業費の削減により「収束」に向かっています。学校では、震災直後、運動場の隅の地中に埋められていた校地内の「除染土」が掘り返され、「中間貯蔵施設」のある地域に移

図1

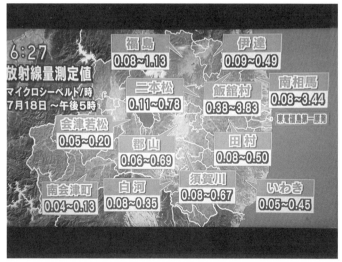

6:27
放射線量測定値
マイクロシーベルト/時
7月18日 〜午後5時

福島
0.08〜1.13

伊達
0.09〜0.49

二本松
0.11〜0.78

飯舘村
0.38〜3.83

南相馬
0.08〜3.44

東京電力第一原発

会津若松
0.05〜0.20

郡山
0.06〜0.69

田村
0.08〜0.50

南会津町
0.04〜0.13

白河
0.08〜0.35

須賀川
0.08〜0.67

いわき
0.05〜0.45

（NHK 福島放送局の画面より）

　送する運搬車の車列やうず高く積み上げられたフレコンバッグ（1,650万個分）
の山に姿を変えつつあります。放射線の表示機器の撤去も始まっています。こ
れらは、津波や地震による自然災害とは異なる震災後の光景です。
　災害による生活の変貌が子どもの発達や成長に大きな影響を与えることは否
定できません（公益社団法人チャンス・フォー・チルドレン・2015）。震災後
の子どもの生活課題は、被災地だけにかかわるものではなく、全国どこにでも
起こりうる、起こっている生活現実です。被災地での出来事が自分たちの周囲
にもあることという「まなざし」や「気づき」は大切です（鈴木庸裕・2012a）。
　しかしながら、東日本大震災の中で放射能汚染問題とそこから生じている
「生活現実」は全体として触れられることが少ないです（日本子どもを守る会
編・2012）。小学生の高学年の時期に、居住困難地域指定により度重なる引っ
越しを繰り返してきた子どもたちには、突然の転校による友人の喪失、授業進
度の違い、教室だけの「学校」（家庭科室や理科室、運動場、体育館もない
「校舎」）での学校生活、部活動もなくスポ少も解散するといった様々な経験が
ありました。時間を置いた今、その若者たちが震災を振り返って声に上げてく
る事柄の多くには、放射能汚染の影響と長年にわたって「外で遊べなかった」。

すべてが言語化できるものではないですが、子どもたちがどのような経験を通じて（時を経て）今に至っているのか。そのことについて、何を「わがこと」としてとらえ、どこまでを射程においた働きかけであればよいのか。このことはまだ答えの見つからないのが現実です（除本理史・2018）。原子力災害を併せ持つ地域において子どもの貧困を考える上で、この現実をどう把握して支援や援助を考えていけばよいのでしょうか。

　被災地へのまなざしや働きかけが、表面化した貧困や生活困難を支援の対象とし、そこに止まることは少なくありません。これは個の経験や成育歴をも読み取り、援助者や支援者の「わがこと」に置き換え、それを通じて改めて支援や援助の対象として見つめなおす洞察力（想像力）に欠けるからです。ゆえに、「子どもの貧困」も、その現実に気づく力や子どもの経験を読み取る力とそのあり方を援助者自身がどう獲得していくのかを示す言葉ととらえるべきではないでしょうか。子どもたちがどんな経験をしてきたのかをめぐる想像力とその事実を把握する多職種による協働の創出が大切です。

　本講では、子どもの貧困をめぐる「子ども理解」とそのあり方について、8年目となる東日本大震災後、特に福島における震災直後の子どもたちの声と今を振り返る若者たちの声から、子どもの貧困をどう理解し、具体化する筋道を創り出すのかについて検討します。

（2）震災をくぐる中で

　子どもの貧困について、それは生活困窮や経済的問題は子ども自身の問題ではなくて、家庭や保護者の問題であるという理解が少なからずあります。子どもはその家族の構成員の一人であるという位置づけの考えから、「子どもの貧困」という表現に違和感をしめす声です。しかしながら、子どもの貧困とは、世帯所得のありようによって教育投資や人的資本に格差が生まれ、学習や体験、生活環境のみならず、子どもの成長や発達に不利益が生まれることを示します（阿部彩・2008）。子どもの貧困とは、その生活自体が子どもの成長や発達に影響を与えるという視点をもとに、子ども自身の心理・情緒や行動に焦点を当てます。不十分な衣食住や社会的文化的な経験の不足だけでなく、低い自己評価や不安感、孤立感などへの着目を提起する用語法です（山野良一・2008）。

ここで求められることは、子どもがみずからの生活困窮や他者との差異、親の姿などをいかにとらえ、子どもたちが何を感じているのか、そしてどのようなものの見方、感じ方、考え方、さらには生き方を持っているのかという点への着目です。さらに子どもから見る社会や身の回りの貧困とは何か、その背景には何があるのか、そしてその背景をいかにつくりかえる主体として育ちうるのか。そこまでを一連の課題にするものです。子どもの貧困とは、貧困問題が社会的問題としてようやく子ども世代自身の主体的な問題として明確に把握されはじめたという、その現れを示します。

　いくつかの省庁が結びついて法制化したものに「子どもの貧困対策の推進に関する法律」（2014年6月）などがあります。「誰もが夢と希望を持って成長できる社会の実現をめざす」という総則をもち、本法律の第1条では「子どもの将来がその生まれ育った環境によって左右されることのないよう、貧困の状況にある子どもが健やかに育成される環境を整備するとともに、教育の機会均等を図るため、子どもの貧困対策に関し、基本理念を定め、国等の責務を明らかにし、及び子どもの貧困対策の基本となる事項を定めることにより、子どもの貧困対策を総合的に推進する」と述べています。乳幼児期からの家庭生活の改善や保護者の就労支援などとともに、学校教育と関わる具体的な施策には、学校を子どもの貧困対策のプラットフォームと位置づけ、①学校教育による学力保障の充実、②学校を窓口とした福祉関連機関との連携、③学校から社会福祉的支援へつなぎ総合的な対策を推進する、④教育費負担の軽減などです。

　子育てや教育をめぐる家庭の怠惰や「運命」論で語られないためには、こうした制度的な環境整備の提案とともにその具体を担う専門職が存在しなければなりません。政策とその人材確保との自覚的な接合は遅々としていますが、2017年1月の「児童生徒の教育相談の充実について―学校の教育力を高める組織的な教育相談体制」（文部科学省教育相談等に関する調査研究協力者会議）では、いじめ、不登校、非行などとともに子どもの貧困への教育的配慮が言及されています。子どもの貧困対策の関係法令がいう「生まれ育った環境によって左右されない」ためには、援助者や支援者がその家族や地域社会と向き合うことは自明です。子どもの「8人に1人」から「6人に1人」といわれる急激な貧困世帯数をもつ日本の状況から見て、教室に何名といった貧困問題の見方

ではなく、子どもの生活圏という広範な地域の単位で見ると決して少数派では
ありません。大切なのは、特定の子どもへの個別対処の結果をさすのではなく、
援助者の未洞察を含め予防的に受けとめることです。

　家庭養育への社会全体での包括的な支援が求められることから、教師や保育
士にも、地域自治体の子ども・家庭・子育ての福祉の窓口や児童デイサービス、
子ども包括支援センター、子ども家庭支援センター、児童相談所といった社会
福祉サービスとその法制度への関心と理解が必要です。これまで学校教育に携
わってきたものが社会福祉や児童福祉、スクールソーシャルワークへの関心や
理解、そして学校と福祉との協働は、「複雑な家庭」や「家庭のことには口を
出さない」、「家庭不可侵」の奥にあった子どもの生活（貧困）に一歩近づく具
体的な視野と手立てを広げる—これらは貧困問題の社会的・包摂的な支援の内
実をつくりあげる多職種協働の具体です。

　子どもの貧困とは、担任教師が学級経営の中で単独で使う言葉ではありませ
ん。学校の学年教師などの同僚間で使う言葉でもなく、社会福祉サービスの専
門職などとともに共有し、さらには学校教育に携わる一つの職種（教職）だけ
で扱うことを見直す契機として、そうした大きなエポックを生み出します。
「チーム」や連携、協働が施策として進められ、その担い手の自主性や意志決
定がしっかりと保障されねばなりません。

2　福島の子どもたちを読み取るには

（1）福島の子どもたち

　では福島の子どもたちと向きあう中で、子どもの貧困がいかに見えてくるの
でしょうか。

　「カメラの前の子どもたち」とは震災後の子どもたちを示すシンボリックな
表現です。長年にわたり地域を離れなければならなかった子どもたちの学校が、
この数年にようやく再開（開校）した学校も少なくありません。震災前には各
学年3から5クラスあったが、震災後、各学年に2〜3人になった学校があり
ます。新入生がいない学校、いくつもの学校を統合してもわずかの児童生徒数
の学校もあります。そこに著名人やマスコミが訪問し、震災復興に向けてはつ
らつと大人顔負けの返事で受け答えをする児童や生徒の様子が放映されました。

でもカメラクルーなどがいなくなると意気消沈して別人のような表情でいました。地域の復興や教育復興のシンボル（目玉）として開校した学校では、テレビで紹介されるとき、いつも同じ生徒が映っているという指摘もあります。大人が子どもたちに何らかの制限やコントロールを行っていることになる。「子どものために」という名目が虚像を紹介しています。

　被災地は、震災からすべてが始まったわけではありません。被災地と呼ばれる前から人々の生活の営みがあります。そこに「被災地」というレッテルが貼られます。マスコミは、子どもたちが何を失い、何を置いてきたのかを問わずに、いま見えるものに関心が向き、その関心事だけが独り歩きし（独り歩きさせられ）、子どもたちの生活の一部を切り取った事柄が表面で語られます。人びとの生活が一つのカテゴリーによって示されてしまうこと自体が「被災」の実態ではなかったでしょうか。いじめの事案で、被害者や加害者（加害の組織）という表現が、長期にわたる苦しさやつらさが顧みられず、事案が起こってはじめて被害者や加害者と命名されます。「防災」「減災」の語句も、被災や救済の当事者認識にどこまで添えているのか。そのことは改めて確認すべきものと思われます。一つひとつの家庭、同じ家族であっても一人ひとりに異なる個別の苦悩や願いのあることを忘れてはなりません。

　マスコミには因果関係を求めたがる風潮があります。自治体から何か子どもに関する数字が示されると、震災によって不登校が増えた、いじめが増えた、児童虐待が増えたといった数値と震災との因果関係に目が向きます。また「複合的要因」という言葉を好みます。しかし、様々な身体的異変、例えば、当時、幼児期から小学校低学年の時期に外遊びが止められ、プールや運動場、屋外での行事がなかった子どもたちの中に、身体能力の差や落ち着きのなさ、学力特に学習面での集中力、泳げない子が多いなど、保育士や教師、親たちが「実感」したことについては調査の対象になりません。ホールボディカウンターによる放射線被ばくの計測や嚢胞ができている子どもの調査結果などは公になります。その一方で、行政が行う調査によるいわば「ビッグデータ」の結果は、地域格差や住民差別といった報告後のハレーションを恐れて公表はされません。震災後、うつや精神病理などのメンタルヘルスについての調査研究・報告も相当数に及びますが、局所的であり、そもそもすべてが報告されません。

（2）震災直後から数年の子どもたち

　では、震災後、子どもたちの姿はどうであったのでしょうか。以下、震災直後から数年にかけて、筆者の日常生活や学校、地域での援助・支援活動の記録から、子どもたちのエピソードをいくつか紹介します（鈴木庸裕・2012b）。

①まだ見えない災害の姿

　大震災と原発災害の中、おおよそ4-5カ月ほどが経ったが、まだまだ何もみえない。見えるべきものが見えていない、読み取っていく尺度がまだこちらに準備できていないという状況である。この震災によって東北での生活が大きく激変したのではないかという印象を持たれるかもしれないが、新たな課題というよりも、これまで埋もれていた課題や傷口がぱっくりと開き、不十分だったつなぎ目がはっきりとぶち切れたという、そういう感覚でこの震災を見ていったほうが対人援助専門職としての実態に合う。

　3月の末から大勢の人々が東北に支援やボランティアなどで来ている。ただ、福島はちょっと原発・放射能・高線量のこともあったので迂回されることが多い。人も物も来ず、ガソリンも。浜通り（太平洋沿岸部や原発立地地域）から大勢の人が避難してきているが、放射能禍だけでなく、物資が届かない、インフラが整わないためそこに住んでおれないという現実もあった。医療や介護も休業や閉鎖など、避難地区の30キロ圏外に住まなければ、ライフラインもなにもまったく成り立っていないところだらけであった。

②つなぎめが切れてしまう—放射能汚染と生活

　地元でも地震による倒壊や津波といった天災については、あきらめもある。しかしながら私たちに覆い被さってくる原子力の災害や風評の問題は長期的な災害という形で、人災としてこれから家族の人間関係、職場の人間関係、友達どうしの人間関係などいろいろな関係を奪われている。突然学校を転校しなければならない、三世代同居がバラバラになるという切れ目ができてしまう。建物の継ぎ目も同様である。隙間やつないであるところが何事においても壊れてしまっている。

　夫婦別れも相当にあった。私は逃げる。私は逃げないって。おそらく今後

の人間関係の問題で様々な支障が出る。こういった局面が災害の本質であると思われる。だから、こういったものを、人災として過去からある災害っていうか、過去的災害と言える。放射能の問題は、極めて長期的な遺伝子的災害という言い方ができる。

　３月16日の「白い雪」。例えば、被ばくということで考えると「3.11」とはいうが、３月16日から数日、大量の放射線物質が雪と一緒に降った。その２日後は県立高校の合格発表日だった。雪の中、中学生や親が学校へ来る。学校から各家に通知を出すとか中学校から合格の通知を電話ですればよかったがみなが集まったところが数多くあった。生活面では給水が始まり、その雪の中、多くの人々が並んだ。

　震災の3.11とは別に、3.16という数字の意味が大きくのしかかった。線量の高さが話題になっているが、その累積の計測は公的には３月の23日ぐらいから以降のことである。相当の量が降ったことが無視されている。福島市までストロンチウムは飛んできてはいないだろうと思われるが、セシウムは相当のものが我々の上に降り注いだ。「あの日に、ああ、雪をかぶっちゃったな」と。震災と原子力災害・超長期的な災害という、複合的な災害として遺伝子的災害という言葉もある。

③外で遊べない―子どもたちの心と体

　60キロ以上離れた福島市といった中通りであっても放射能汚染があり、その後、学校での除去が始まり、グラウンドや校庭は一切使用できない。

　１学期の学校行事がすべてなくなり、それが２学期にずれ込む。日々の授業はやっているが、中学校３年生であれば、修学旅行が８月や９月に延期された。例年なら５月に運動会が行われるが、屋外での取り組みはすべてなくなった。外で子ども達が遊べない。体育の授業も、外気が入らないように締め切った暑い体育館の中で、４箇所に赤いコーンを置いて、その周りをグルグルグルグル走っている。これが体育の授業であり、プールはなくなった。

　子どもの発達にとっての遊びという言葉があるが、ホントに体を動かすことがない、できない、あるいは、それをしていいのかどうか判断が付かない。そういう環境の中に子どもがいる。このことのダメージがあり、子どものス

トレスやいらだち、いじめなど、それこそ想像を絶する状況であった。

　ちょうど、5月から6月にかけて大学の学生達の保育実習があった。その実習でも、外遊びがなくなり屋内遊びばっかりであった。そうすると、保育園では午後にお昼寝をするが、そういったときもなかなか寝付かない。放射能不安のため中途での退園や家庭と保育士とのもめごとも多発した。親どうしも同様である。子どもたちもちょっとしたことでいらだったり、泣いたり、「先祖返り」が激しかった。そういった厳しい状況下での実習であった。そういった中で、学生達はホントによく取り組んだと思われる。異常事態の中での実習ではあったが、子どもとのしっとりとした対話や会話、遊びもできず、つらい思いをして、実習から帰ってきた。

3　震災後のスクールソーシャルワーカーらの記録から

（1）震災直後

　さらに、以下は、震災直後、5月の連休ごろの避難所生活の中で支援活動を行い、子どもたちや被災家族の声を直接把握していったスクールソーシャルワーカーやスクルカウンセラー、保健師たちへのコンサルテーションや協議の中で収集した記録の一部です（鈴木庸裕・2011）。

　○第1次避難場所となった宿泊施設や公共施設への訪問では、子どもも保護者も遠慮がちで、生活や学校で困ったことや心配なことへの問いかけに対し、ほぼ全員が「特にない。友だちもできたし、元気です」と同じような答えが返ってきた。周囲の避難者に気を使い家庭（個別）訪問を断る保護者も多く見られる。

　○「お父さんは」と聞くと、「わかんない」と答える子ども。後で母親から、「父親は原発で働いていたが、仕事ができなくなったので別の発電所で働いている」との情報を得た。原発で親が働いていたことを他人に知られたくないと考える子どもも多い。

　○転校した中学校には前の学校でやっていた部活がなくて残念がる子どもの様子。避難施設には自転車がなくどこへも出かけられないことへの不満。

　○避難場所がホテルの個室に替わったが、ほぼ一家族一部屋で、親戚などと

同居しており、プライバシーや自分のスペースという面で不自由さを感じている。小さい子ども達は無邪気に過ごしているが、中学生くらいになると相当に我慢している様子がうかがえる。

○遊びの集団や友達関係の途絶が見られる。遊ぶところがなくつまらないとの声を複数の子どもから聞いた。どんな遊びをしたいとかどんな場所が欲しいのかを聞いてもはっきりしない。これまでの遊び空間と異なり、厳しい条件の中での時間の過ごし方に戸惑っている。

○ひとり親家庭（父子家庭）で、父親は仕事のため一緒に避難できず、祖母に預ける家庭、あるいは母子だけの家庭では、母親の仕事の見通しがつかずにいる。

○日々の生活、役割もなく、することのない生活（食事も宿泊施設が提供）、部屋で横になって過ごす生活で、身体的にも精神的にも不健康な状況にあることの訴え。

○学習意欲をなくす子どもたちへのサポートや祖父母—孫家庭への祖父母支援、避難前の生活経験への理解、沿岸部と山間部といった季節的にも生活・遊びも異なることへの理解をいかに受け入れ先関係者へ促していくのかが難しい。そして家族の就学や就労を巡る総合的な相談支援の場のないことが課題としてあがった。

○地区の体育館型避難所で、子どもたち対象の遊びの組織つくりと実践がはじまる。空間はあるが、そこで子どもを見守り組織だった管理には至らない。屋内待避のために子どもたちのストレスは相当だと保健師からの相談要請が増える。

○兼業農家で共稼ぎが多く、地元企業がこれまでの不況と震災による倒産により失業や自宅待機が少なくない。農産物の風評被害なども加わり、農家などで貧困の絶対化が一層深刻になってくる。子どもに対する経済的支援（就学援助、奨学資金など）制度が周知させるよう努めた。

○避難所に近い学校で、まだ給食がはじまっていないことを理由に転入せず、転入後、弁当が準備できず学校給食が確保されないために遠方の学校へ急遽転校する家族もあった。教室準備や制服・ジャージなどの物理的な準備に対応するだけで精一杯で、メンタル面に配慮する余裕や時間がまったく取れない状況

もある。

　○子どもや親の不安や願いに耳を傾けるとともに、学校での集金（給食費、教材費、遠足代、修学旅行費）の範囲や徴収法の問題などのアドバイスができる窓口を作ることが大切になる。

　○震災や原発事故に隠れた以前から見守りの必要であった家族（ネグレクト家庭や外国にルーツを持つ子どもの家庭）が震災後、省みられない状態にある。中には家屋被災による転居の際、居場所の把握ができず、不明になった家庭もある。

　○学級担任が転入生との面談や避難所訪問が出来ず、公営宿泊施設と避難所での暮しの格差が表面化しはじめ、学校での子どもの会話や関係に影響が出ている。

　○家族支援と関係者との広域連携の取り組みとして、父親は浜通りの消防団の活動で遺体捜索や遺体洗浄などの作業にあたり、PTSD を発症し心療内科に罹る。母親も体調を崩している。父親は失業中で、地域の人々の世話を受けている。しかし、遠方まで病院に通院すること、子どもの学校を休ませないといけないこと、避難した地区での就職が困難なことで苦労する。出身地の学校がまだ未再開の状態で、通院や職探しにふさわしい地区に移る際に、補助のある借り上げ住宅と医療機関がセットできる地区探しの情報収集を手伝う。

　○高校生が 7 月になると就職活動期であった。しかし、学校がバラバラになり就職指導を担当する先生がおらず、しかも、よその地域に移り住んだためにその地域の就職にイメージが持てない。進学についても同様で、違う土地の高校を目指さなければならない。

　○震災前の家庭の脆弱さ─子どもにとっての意味として、特記すべきことに震災孤児がある。父母ともに亡くなった震災孤児、どちらかを亡くした震災遺児がいるが、6 月前半の時点での数字として18名の親族里親があり、突然祖父母や叔父叔母と暮らすというつらさもあった。さらにこの親族里親が18件として18名が両親を失った子どもではなく、18名中 7 名の子ども達が、そもそも 1 人親の家庭の子どもであった。震災によって大きく変わったというよりも、それまでの大変さがさらにこの震災によって深まってしまうという連続性に着目していかねばならなかった。

以上、こうした現実の記述は、単に羅列ではなく、一つひとつが震災禍の現実であり、個々の出来事にそれぞれに意味があります。子どもの貧困と東日本大震災との関わりについて本稿が論点にすることは、貧困といった用語によって示される以前の子どもの経験から問いが生まれるという点です。それは、近年の子どもの貧困論が示す経済的困窮や人・環境との関係性の貧困という言葉で子どもたちの実生活を見るには、その一部を切り出し、子どもたちのニーズを狭めていないでしょうか。子どもが求めることに選択の余地がないことを大人はあまり自覚していません。東日本大震災と子どもの貧困をめぐり、あの日３月11日から何かが変わったという印象ばかりではなく、支援や援助を考える上では、貧困の連鎖を容認するかのように、子どもたちが一つの言葉によって切り刻まれ何か分断されていく危惧を感じます。

（２）　今を語る若者たち

　次に、震災から８年目となる現在の思いへの聞き取りについてです。震災当時、「小学校４年生」だった子どもたちが「高校２年生」になります。小学校の高学年だった児童も「大学１・２年生」になります。以下は、高校生や大学生からの聞き取りとして、筆者が2018年７月から８月にかけて学校関係者や学生・生徒本人の了解を得て行ったものの概要です。

　○東日本大震災後も数々の震災や豪雨災害などが続いているが、福島から以前の御礼として手渡そうとしたおにぎりやティッシュペーパーを受け取ってもらえなかった。
　○甲状腺検査の結果を見て親が震えていた。
　○マスクを着けての登校。グラスバッチをぶら下げての通学は監視されているようだった。
　○お盆や年末、親類のいとこが福島に帰省してこない。
　○友だちが避難していってつらかった。
　○今も雨に当たらないように。
　○あの頃、与えられた環境に順応することが子どもの社会参加だった。
　○頼る相手が大人しかいない子どもにとって大人同士の争いを見ることはさ

らに不安を煽った。

　○子どものために大人がしてくれているのはわかるが、子どもにとっては難しくてわからなかった。

　○前代の大人のつくった科学が、子どもの基本的人権を奪っていることの象徴が原発事故だ。

　○「もう元気な私」と前向きの考え方を装う必要があった。しかし、この装いが震災を通じた学びを萎えさせた。

　○勉強よりも、不安定な心と体の状態を安定させることがまず学校のすべきことではなかったか。

　○地域の復興が先にきて、子どもの気持ちはあまり考えられていなかった。

　○今、どんな状況であるかをしっかり子どもに伝え、被災地でしか学べないことを学校でやってもらいたかった。

　○環境問題や人の経験したことを解消することに時間はかかるが、話を聞くことは今でもいつでもできる。

　震災当時の大人や社会への批判的な語りが少なくありません。避難によって転校してきた子どものいる教室では、震災や被災そのものが「配慮」という名において話題にされません。被災の有無にかかわらず、震災や放射能問題などを話し合い、意見交換をする機会も教室から薄れていきました。「今を語る若者たち」の声は、本当は勇気ある教師の問いかけがもっとなされるべきではなかったのかという問いを大人に投げかけているのではないでしょうか。

　こうした高校生や大学生の中には、父や母の仕事がなくなり、家族がこれからどうなるのかわからないまま、一時期、地元を離れていた人たちもいます。当時こうした子どもたちが１万人いました（東日本大震災復興対策本部・2012）。気持ちの行き場のない子どもたちが仕事をなくしこれからどうなるかわからない親の状態を目のあたりにする。こうした生きづらさです。

　なによりも、放射能汚染をめぐって何が正しいのかわかりません。いま、何か言えば人を傷つけてしまう、そして自分自身をも傷つけてしまいかねません。これが生きづらさの正体でした。この生きづらさがまさしく災害であり、これが災害の正体であることに、多くの人々が気づいていたと思われます。災害の

正体、これは人々の対話を弱める孤立感でした。

4　子どもの貧困を生きづらさとしてとらえ直す

　震災後、子どもにかかわる「問題」を示す用語には、不登校、児童虐待、いじめ、貧困、生活困窮、心的外傷、トラウマなど数多くあります。しかし、上述したような子どもたちの諸経験をもとに考えると、もっとも当時から今日までを示す言葉としては、「生きづらさ」が的を射ていると思います。災害の事象の何事もが家族の自己責任になってしまう。災害後の停電解消や給水、インフラの回復、学校再開の声の裏に、「そのあとは自前で」というサインが見えます。

　どこの学校に転入学するのかどこの仮設住宅に移るのかこれからどこに行くのか、どこに住むのか。これらどれ一つを取ってみても誰も指示を受けたものはいません。転校をめぐって家族での話し合いがなされ、泣く泣く子どもが転校生活を繰り返しました。意志決定の適切な機会を欠いたものでした。平常では感じ取れないこととして、日々の学校は、各家族の力や家族の経済的な力を含め、そこに依存して教育活動がなされていることがわかります。学校教育の役割や教育の機能が、家庭の判断や意思に丸投げされた瞬間に生きづらさが増幅します。

　震災当時の生活やその後の意識を振り返ってみると、貧困という言葉は子どもの震災後の生活を切り刻む言葉にすり替わっていないかどうか。施策による貧困対策にはジレンマがあるが、貧困は、それまでの生活を切り離す言葉になっていないだろうか。

　そこで、以下、いくつか「子どもの貧困」の再表現（再定義）を示します。

（1）支援の形態や質が生み出す貧困

　支援とは、第一に、選択肢のあることです。選択肢があることは人権の視点です。これは被災者の立場にあった子どもたちにとっては自覚化が難しかったかもしれません。しかし、当時、ボランティアなど誰もが何かをしなければならないという強迫的とも思えるような感情を多くの人々が持ちました。その際、具体的な支援の中身が目に見える形で、かつ、それが一つではなくて、当事者

がみずから選択できるように三つ、四つのプログラムで提案されます。これは支援を受ける側として、選ぶことができるという感覚をもてないと自分を奮い立たせることができませんでした。その提示が一つであったら、支援する側の枠組みやプログラム、技術や技量に、被災者が合わせるだけになります。

　第二に、支援が持つ「排除」という課題もあります。県外から来たNPOなどがその地域に根付いてしまい、地元のNPOや関係者が入れなかったということが実際に起こりました。「うちはこの支援方法でやりますから」という形で、後からきた人びとを排除してしまっていた状況がありました。支援は相手からその拒否する権利を奪います。これは阪神淡路や中越地震からの指摘です。支援は無償とは限りません。放射能汚染からの回避・保養の中には、「バス代や交通費は自前で来て下さい。こちらに来たら全部、無償で対応します。学習活動にもプールや海・山での遊びを準備しています」という活動がありましたが、お金の払える家庭の子どもしか行くことができません。一人で、あるいは一つの専門職が行う支援にはこうした表裏の課題がありました。したがって、複数の視点が担保できる支援者のチームが欠かせません。

　第三に、震災では「家族丸ごとの支援」の必要が大きく問われました。子どもに焦点を当てることや個別の心のケアも大切ですが、子どもを支えている家族の生活基盤そのものが支援の対象となります。避難所から仮設住宅に入ると狭い居住空間での個別性が高くなり、大きな家族の分離や父親は仕事探しで県外に行き、母子だけの家庭が増え、そもそも家族だけの力による復旧や回復をめざさなければならなくなりました。こうした家族全体を見ながら関わっていかなければならない状況が生まれました。

（2）人に支えられることの貧困

　震災は人々の孤立を顕著に生みだします。自分を支えてくれる人がいることを理解し実感するのを奪ったと言えます。孤立からの解放は立ち直りの大きな根源です。子育て支援、県外避難の親子支援や福島で子育てする母親の「ママカフェ」が、県内外で数多く開設され、大勢の人々の居場所になりました。これらの取り組みは就労支援、居場所、生活困窮などを手掛ける形です。自分が周囲から支えられている、支え手にも一体感が生まれてきます。これは援助や

支援という営み自体が、その行為者自身、困ったときに支えてくれる人や相談できる方を持たないとできない活動であることを示します。困ったときに、専門的かどうかは別にしても、「頼れる人がいる人」が支援者となれるのです。その感覚は、何かの専門性（方法技術など）を保持していることでみずからの行為が維持できるというのではなく、自分は誰に支えられているのか、あるいは自分はつねに誰と一緒に動いているのかが想定されるものです。

　本書でも幾度も紹介しますが、「助けられること」、「独りで抱え込まない」という言葉があります。改めて震災の教訓となったのは、「人に支えられる自分をいかに育てるのか」、「他者の力を借りる力を持つ」ことです。これは支援者のみならず、クライエントにも該当します。ある児童養護施設で、地震の最中、みんなが逃げ惑い泣きわめく中、ただ黙ってひとり立ち尽くしていた子どもがいました。その子は親からの虐待によって措置されていました。人にすがる、助けてもらう、怖いと叫ぶことが周囲の人に示せなかったのです。これは辛いエピソードですが、我々が大切にすべき教訓です。

（3）地域を失うことの貧困

　震災後、多くの支援者は家族や個人の個別性に大いに力を注ぎました。その中で、被災地に根ざしたスクールソーシャルワーカーは子どもの貧困について以下のように語っています（高瀬芳子・2018）。

　　地域の中で、家族や知人・親類、保育所や幼稚園、保健師や民生委員など、この子どもたちの未来のためにいろいろな関係者が関わって養育していた地域がなくなったことは、集団の中で体験していく機会が減少したことになり、本来なら集団や屋外で遊びながら学んでいく社会性や、地域の見守りや協働の中で学んでいく社会性が減少し、地域の中で見守りを受けながら教育されていく機会を失ってしまいました。まして避難先に積極的に交わらないことは、子どもたちが社会性を学んでいく機会をさらに減少していきました。

　　特に発達特性を持っている子どもたちには、家庭、学校、地域との協働が大事ですが、避難して生活の場を移すことによって、家族構成に変化が生じ、家庭内での教育力が低下しました。本来なら家庭や地域内で発達課題に気づ

いてもらえることができ、地域で支えられながら成長することができただろう子どもたちは、家庭や地域での教育力を失ったことによって、発達課題に気づかれない子どもたちとなっていきました。

　気づかれない子どもの存在は、支援者を失った子どもたちの地域における貧困です。帰宅困難地域では長く住民が県内外に離れ、例えば PTA 会長などが県外に居住しているという時期もありました。原発立地自治体を含む地域では、今も PTA 組織のない学校がいくつもあります。こうした地区の社会教育や健全育成などの会議では、「地域の一体感」が失われていくことが話題です。見守りが失われることを通じた貧困であり、子どもを取り巻く周りの大人との確かなつながりがあることそのものが子どもの最善の利益なのです。

（4）子どもの声を施策に活かす仕組みづくり

　子どもの貧困とは、社会的で組織的な仕組みをつくらないと子どもの発達保障につながってはいかないです。学校での教育実践自体が貧困とどう向き合うのか。そもそも教育実践は教師だけの所掌行為ではなく、カウンセラーやソーシャルワーカー、事務職員、給食職員なども含めた営みです。単一職種による「子ども理解」ではなく、多職種による「子ども理解」という組織的な対応です。教師とカウンセラー（心理職）とソーシャルワーカー（福祉職）が同じファイル（社会的心理的・福祉的項目・視点を明示した記録シート）を用いて、一緒にアセスメントシートをつくっていく。そのとき、誰の目から見ても描き切れない「空欄（空白）」が生まれます。地域を失ったことはその「空欄（空白）」にあたり、最も深刻な子どもの貧困に該当すると思われます。

　先にも述べたように、地域を失うことは、関係性の貧困や環境の貧困を押し広げます。貧困の克服には、社会的制度や SOS を組織的に取り組む仕組み、つまり貧困を克服するソーシャルデザインが必要です。ソーシャルデザインとは、「社会的な課題の解決と同時に、新たな価値を創出する画期的な仕組みをつくること」（グリーンズ・2012）であり、仕掛けていくことであり、「計画化・可視化・告知のプロセスを持つこと」です。デザインは「既存のものをぬりかえるもの」だとも言われます。東日本大震災を通じた子どもの貧困への理

解は、問題解決への対処療法ではありません。なにが問題を引き起こしているのか。その原因が何であるのか。原発災害というその責任対象や賠償問題が揺れ動く中で、震災と貧困問題との関係をめぐる支援や援助には、未知なものが数多くあります。先に述べた法律文にある「学ぶ意欲と能力のある全ての子供が質の高い教育を受け、能力・可能性を最大限伸ばしてそれぞれの夢に挑戦できるようにする」について、課題を経済的困難への着目にのみ矮小化することはできません。

【引用・参考文献】
阿部彩（2008）『子どもの貧困』岩波新書
グリーンズ編（2012）『ソーシャルデザイン』朝日出版社、p.12
東日本大震災復興対策本部（2013）「震災による避難者の避難場所別人数調査」より
公益社団法人チャンス・フォー・チルドレン（2015）『東日本大震災 被災地・子ども教育白書』株式会社バリューブックス
日本子どもを守る会編（2012）『子ども白書2012』草土文化、pp.44-61
鈴木庸裕（2011）「災害復興と学校支援（1）」『福島大学総合教育研究センター紀要』第11号、pp.91-92
鈴木庸裕（2012a）「ガレキと汚染土壌の下に貧困がある」『大震災と子どもの貧困白書』かもがわ出版、p.50
鈴木庸裕編著（2012b）『「ふくしま」の子どもたちとともに歩むスクールソーシャルワーカー』ミネルヴァ書房、pp.8-9
高瀬芳子（2018）「震災避難により地域を失った子どもたち」鈴木庸裕他編『多文化社会を生きる子どもとスクールソーシャルワーク』かもがわ出版、pp.111-117
丹波史紀（2013）「子どもたちの声を『震災復興』の手がかりに」鈴木庸裕編『震災復興が問いかける子どもたちのしあわせ』ミネルヴァ書房、p.157
山野良一（2008）『子どもの最貧国・日本』光文社新書
除本理史（2018）「福島原発事故における被害者の判断」藤川賢他編『放射能汚染はなぜ繰りかえされるのか』東信堂、p.155

第7講 学校教育における多職種連携と人材育成

　最後に、学校福祉における多職種協働の人材育成について述べます。

　これは、教員養成のみならず学校教育に関わる福祉、心理、医療、保健、看護などの大学（学部）における人材養成や学校に関わる専門職（現任者）の育成にとって、これからの課題です。学校における教育職と他職種との水平的関係が子どもたちの成長や発達にとってどのような意義をもつのか。これは、学校における教育職と心理職、及び心理職と福祉職というようにトライアングルで考えていく側面です。

　本講は、まず学校教育と社会福祉の連携をめぐる人材育成の課題と多職種連携学習（教育）のあり方を述べます。

1　多職種連携への関心

（1）単なる社会福祉サービスの介入による危険性

　今日、学校を窓口とした福祉関連機関等との連携にスクールソーシャルワーカーの介在が見込まれています。

　医療機関や児童相談所、要保護児童対策地域協議会などの児童福祉部門と教育委員会・学校等との連携強化はそれぞれの家庭に寄り添った伴走型の支援体制を構築するなど、ソーシャルワーカーを活用して従来の家庭教育支援チームや訪問型家庭教育支援等の取り組みを推進しています。

　しかしながら、対人援助の社会福祉サービスを無媒介に学校現場へ持ち込むことは危険です。なぜなら子どもの貧困対策の法律文章にある「学ぶ意欲と能力のある全ての子供が質の高い教育を受け、能力・可能性を最大限伸ばしてそれぞれの夢に挑戦できるようにすること」を実現する上で、子どもの貧困が経済的困難への着目に矮小化されてはならず、それはスティグマの温床となるからです。

（2）学校の多様性への対応

　いじめが増える、不登校が減少しない、生活困窮と子どもの貧困、生きづらさの問題化など、これらは学校と家庭の境界、教育と福祉の境界、教師とスクールソーシャルワーカーとの業務の境界面の変化を指しているのではないかと考えます。かつて1990年代半ば、スクールカウンセラーの導入が学校・教職員と子ども・保護者との関係を流動化させ、境界線のない水平的関係を生み出しました。その後、スクールソーシャルワーカーは学校・教職員と地域の他機関・他職種との間に水平的な関係を生み出しました。この水平的関係とは、ネットワーク化であり等位化や対話化です。社会の変化は、スピード感や説明やエビデンスを求め、個人や集団、組織それぞれの次元に自律性を求めます。今、何が課題（ISSUE）なのかを個人や集団、組織が学習し、「多様性のある社会」をめざす「環境変化を見通す力」や「組織的な意志決定力」の獲得があります（ピーター・M・センゲ・2013）。

　学校も、かつてからある「報・連・相」という情報共有（知っている・聞いたことがある）のレベルから、相手の提案を理解し合えるレベル（あなたの考えはわかった）、ケースの背景や提案してくる人の価値観をも納得するレベル（では納得したので一緒にやろう）にステージを変えていかねばなりません。その大半が教諭という単一職文化であった従来の学校が、正規・非正規のみならず、教育支援、学校支援、事務支援、部活支援、特別支援などをめぐる教育職、事務職、福祉職、心理職、看護職、スポーツ・文化関係指導者、そして非専門家や地域住民などによってその構成も多様化・多角化しようとしています。ただ、こうした社会的な変化が多職種協働を求めているという理解には課題があります。

（3）教員研修と多職種連携―連携をめぐる学習

　教職の世界で、「研修」とは、研究と修養の合成語です。マニュアルやすぐに使える断片的な技法が求められがちな傾向はいずれの領域・分野でも課題になっています。個人が所掌する範囲での力量形成となりがちで、学級経営をめぐる学年組織のあり方や学校経営の改善や変革をめざす学びには届きにくいです。教師の研修規程があります。ここにある多職種協働観はどうでしょうか。

「大学の教職課程で取得した基礎的、理論的内容と実践的指導力の基礎等を前提として、採用当初から教科指導、生徒指導等を著しい支障が生じることなく実践できる資質能力が必要であり、さらに、教科指導、生徒指導、学級経営等、教職一般について一通りの職務遂行能力が必要である」

　これは初任者段階での研修の要点です。教職課程の段階では、教育現場での一通りの職務遂行能力という枠を示します。中堅教員の段階では「学級担任、教科担任として相当の経験を積んだ時期であるが、特に、学級・学年運営、教科指導、生徒指導等の在り方に関して広い視野に立った力量の向上が必要である」とし、校務での主任などの学校運営や若手教員への助言指導、学校運営に参加する企画立案力や事務処理の資質能力があげられます。ようやく幅広い教養に目が向いています。次に管理職の段階では以下の通り、地域や関係機関との連携やそのマネジメントがあらわれてきます。

　「地域や子どもの状況を踏まえた創意工夫を凝らした教育活動を展開するため、教育に関する理念や識見を有し、地域や学校の状況・課題を的確に把握しながら、学校の目標を提示し、その目標達成に向けて教職員の意欲を引き出すなどのリーダーシップを発揮するとともに、関係機関等との連携・折衝を適切に行い、組織的、機動的な学校運営を行うことのできる資質を備え、また、学校運営全体を視野に入れた総合的な事務処理を推進するマネジメント能力等の資質能力が必要である」（文部科学省教育職員養成審議会・1999）。

　習熟において初任から中堅、管理職という段階的で職階・役割的な面もありますが、後者になるにしたがって社会の変化やネットワーク組織の担い方の変化への力量が求められます。しかし、これは初任であっても欠かせないものではないでしょうか。

（４）倫理的配慮として他職種連携

　社会福祉職では他職種との連携が職業としての責務とされています。社会福祉士の倫理綱領には以下の各文があります（日本社会福祉士会・1988）。

　専門職としての責務に「専門性の維持向上」として、「ソーシャルワーカーは、同僚や他の専門職業家との知識経験の交流を通して、常に自己の専門的知識や技能の水準の維持向上につとめることによって、所属機関、団体のサービ

スの質を向上させ、この専門職業の社会的声価を高めなければならない」とあります。「援助方法の改善向上」については、「ソーシャルワーカーは、同僚や他の専門職業家の貢献や業績を尊重し、自己や同僚の業績やサービスの効果、効率について常に検討し、援助方法の改善、向上に心がけなければならない」。「同僚との相互批判」においては、たとえ他の専門職業家であっても「職務遂行の方法に差異のあることを容認するとともに、もし相互批判の必要がある場合は、適切、妥当な方法、手段によらなければならない」と。

「同僚や他の専門職業家」とでは交流や協議、リスペクトに及ぶ連携が責務とされています。多職種連携には専門性の維持向上、自身の職務内容を他者に周知すること、周囲の専門職からの異議申し立て、擁護があります。学びの視点から見て、人材育成について教師は、同じ職場の先輩や経験者から密接な指導助言の体制が日常的に存在します。「背中を見て学ぶ」という習慣です。しかし、ソーシャルワーカーはその人材育成や人材開発の歴史などにおいて十分とは言えません。スーパーバイザーの制度もまだ道半ばです。

学校で仕事をするソーシャルワーカーは、学んだ方法技術や知識が「早く解決する」問題解決型のアプローチになり、教育現場や周囲からもそれが要請されがちです。この「ジレンマ」を背負いながら、相談援助技法や関係調整、代弁・代理などに加え、関係修復と回復力支援などの専門性をいかに発揮していくのかが重要になります。

2 多職種連携の内発性を問う

（1）多職種連携学習へ

教育と福祉の「つながり」、あるいは学校教育と社会福祉の「連携」、さらには教師やスクールカウンセラー、スクールソーシャルワーカーなどの実務者（業務）レベルでの「協働」に至るまで、それぞれの次元で課題があります。それは、両者の関係にはその価値の吟味や誠実さが深まりつつも、無関心や強制、侵襲の危うさをいくども経験してきた点です。ゆえに、多職種連携を推奨する施策動向に直ちに通じる形で教育プログラムや学修カリキュラムを展開することは慎重でありたいと思います。

直近では、文科省によるチーム学校論や学校関係者の働き方改革に見られる

外発的な労働政策、いじめや不登校、非行問題への対処療法的人材論です。いじめの問題対策への組織的対応にはスクールカウンセラーやスクールソーシャルワーカー関与の明記があります。ところがその業務や役割は示されず（文部科学省・2010）、周囲からも認知されていません。これらは典型的な実態です。

　多職種連携の実際は、2種間ではなく3種以上の専門職を持ってはじめて成立する概念であることをすでに紹介しましたが、多職種（interprofessional）と他職種（multi-professional）に違いがあります。この10年以上、人材育成の教育は学習する側に主体が移行し、目的への接近方法や目標も個別性を高めています。その意味では多職種連携学習と呼ぶ方がふさわしいと考えます。しかし、教育と福祉の学部間連携やカリキュラム開発の枠組み（IPE）（埼玉大学編・2009）はまだそういった営みはありません。学校教育と社会福祉には多職種連携教育を構築する実践軸（子どもの最善の利益をめぐる領域間の承認と共通理解）が曖昧であり、特に両者のチームや連携を必然的に呼び込む価値をめぐっては、その合意や相互作用、信頼、共通責務が未発です。協働とは、「協力して働くこと」とあるように、ある目的のために心をあわせて努力することです。教師と福祉職が目標の共有を確認した上で役割を分担する点では、一例として児童虐待に関わる学校からの児童相談所への通告をめぐる両者の認識に少なからずあらわれているように、それを支える価値観や法規とその遵守の運用面に脆弱さがあります。通俗的にいえば、義務教育のようにその年齢になると全員が枠に入るものと、行政や親権者からの申請や保護により対象となる枠をもつものとの違いです。

（2）「抱え込み」からの出発―ソーシャルワーク・マインド

　教師がソーシャルワークの価値や方法（ソーシャルワーク・マインド）を通じて子どもや家庭との新たな出会いを生み出し、新たな関係性をつくりかえていきます（鈴木庸裕・2018）。子どもの生育歴や家庭の生活環境や経験の事実を理解することが、教師の生活指導や教育相談の先の見えない焦りや限界感、教師の「困り感」の解消や軽減と結びつき、ストレスフルな状況からの開放につながります。「長期にわたり動かなかったケースがジワッとごろりと動き出す。その向こうに子どもの笑顔が見えた」。これは重たいケースを抱えた教師

の「気持ちが晴れる」象徴的な描写です。

「抱え込む」ことが常態化、無意識化する現場感覚にあります。その中に協働や役割分担、さらにはチームアプローチを一般化するには、組織的支援と情報管理の発展が求められます。日本では、「抱え込み」は教育職の誠実さや責任感など、職業文化として美化される面もあります。しかし、孤立するクライエントに対して一人の孤立した支援者が対応するありようは対応困難になります。複数の人に支えられることによって生じる援助効果の有用性は明らかです。抱え込みとバーンアウトの境が教師自身の「主体性」でつくられている場合とそうでない場合には大きな落差があります。抱え込みからの解放とは教師個人の責務ではなく、他者の力を借りて目的を達成するという社会的組織的な責務です。

（3）救済を求めること・気づきと共感—内発性の発見

子どもの援助や支援にあたる専門職には、一つのキーストーン（key Stone）があります。筆者の経験ですが、2000年代初頭、カナダのトロント市を中心とした学校でのいじめ問題調査やスクールソーシャルワーカーの実践、児童虐待や子ども家庭福祉の仕組みを学ぶ中、数多くの小中高・支援学校の教員、学校精神科医、スクールサイコロジスト、スクールソーシャルワーカー、言語聴覚士・作業療法士、保育士（child care giver・worker）、放課後デイサービスや放課後支援職員から聞き取り調査を行う機会がありました（鈴木庸裕・2002）。その中で、日本のいじめ問題やスクールソーシャルワーカーの配置の必要性と課題（教師の多忙化、抱え込み）を説明すると、ほぼ職種を問わず全員の口から「専門職の抱え込み？ 理解ができない」という言葉が返ってきました。北米では、家庭訪問はガイダンスカウンセラーの役割、特別支援などの支援計画（IEP）の作成や支援を必要とする家庭への支援はスクールソーシャルワーカー、教師は授業、運動場ではグラウンドキーパー、登下校では交通安全指導員とスクールバス運行事業者といった、教師と心理・福祉職との分業が職業風土になっています。「自分の専門を最大限活かすためには問題を抱え込まない」。「抱え込みは情報の共有や協業という専門性を弱めるものである」。このように、救済を求めることは子どもに関わる職種全員が個々の専門性を習得する以前の

基盤（key stone）となる能力であると考えられています。

　次のような調査があります。特別なニーズをもつ子どもについて、小中学校の教師とスクールカウンセラーとスクールソーシャルワーカーの3者に、同じ一つの問いを出したものです。いじめ、発達障害、子ども虐待、非行などへの関わりにおいて、「一人では対応できない」と認識するケースについて5件法で答えてもらったものがあります（鈴木庸裕／横山光子・2018）。その結果、①発達障害、②子ども虐待、③いじめの順で、教師、カウンセラー、ソーシャルワーカーが同程度のポイントを示しました。時として、困難さの共通項が連携の内発性になります。一人では困難であるという感覚がすなわち連携というものではありませんが、連携に目が向くことは一つの動機づけになるというものです。その中で、教師から福祉職への要望はどこにあるのかがあります。教師からの声を列記すると、

　◎学校というフィールドで行われるソーシャルワークである以上、学校システムそのものについての理解を深めることが必要。例えば、職場内や域内（教育委員会や教育事務所単位）の教員人事の仕組みや学習指導要領についての理解、学校現場での生徒指導の方向性などを理解することが大切になる。

　◎学校の組織文化について理解でき、教育委員会の行政内での立ち位置について知る。学校の外から来た人材が実際に子どもと関わるまでの方法や作法を実践の中から具体的に理解する。

　◎教育活動（授業やカリキュラム）についても理解すること。

　◎「環境」へのアプローチでは、変化に時間がかかることから、「個人」への直接的アプローチについてのコミュニケーション力を高める。

（4）チーム学校の批判的検討

　教師が学校の外部人材（広く地域関係者や関係機関）を信頼するプロセスには、外部人材の行為が子どもに対して支援的要因になるのか、それとも阻害的要因になるのかではなく、教師の実践にとっても支援的かそれとも阻害的かがあります。これは近年の学校マネジメント観です（文部科学省・2005）。

　2008年当時、文科省は、教員の多忙化や若手層が増える教職員内の同僚性の希薄化が学校や家庭支援の機能低下となるという問題意識から、その打開策と

して「実践的指導力やコミュニケーション力、チームで対応する力」（文部科学省中央教育審議会・2006）を提唱しました。スクールソーシャルワーカーやスクールカウンセラーには、「チームをつくること」よりも「チームで動く安心感」「教師の同僚性の円滑化」を教育システムの中に定着させる黒子になることが求められました。でも、この黒子の意味は十分に浸透したわけではありません。

　「学校は外からみると壁が高く感じる」。これは、入職して間のない専門職からもよく聞く言葉です。ところが、いったん学校に入ってみると多様な地域関係者とつながることができたという声が多いのも事実です。この言質は学校が福祉と地域の橋渡しになる機関であるという評価にあたります。地域の関係機関にいては見えなかったことだといいます。福祉職にとって、学校の協力を得て発展する子ども福祉の発見や創造への気づきです。ソーシャルワークが、生徒指導や学級経営の補完的役割や特別支援教育の総合的推進を補強・代替する支援手法ではなく、社会の変化による多様性と結びつく援助技法となります。これは、学校や教師のとらえる「子どもの問題行動」への解決に目が向き、問題解決の成果や費用対効果に目が向いていては感受できない内発性の問題です。

（5）IPWからの示唆

　Inter-professional education（IPE）は多職種の資格者を養成する際に、それぞれの受講生（学生）が同時に学習し、オムニバス型の講義であったとしても職種間の専門性をめぐる相互影響に着目します。Multi-professional のように、知らなかった知識を身につける程度になり、マスプロ教室で他分野所属の学生が一緒に座り、多様な分野・領域のレクチャーを受けるものとは異なります。

　医療現場では、多職種が医療機関の時空間を同じくして場としてのサービス提供になることが多いのです。WHO が示す多職種連携医療（interprofessional collaborative practice）は、医療従事者が患者や家族、介護者とともに最善の医療を提供し、非専門家とともに成果を上げるというテーマを持つことです。さらにこうした包括的な医療が効果測定やエビデンスの対象です。1980年代末に、イギリスなどでは保健医療福祉の専門職養成に IPW が義務化されます。医療における利用者のニーズ中心、業務における公平性、相互のリスペクト、専門

性間の相互理解、連携上の課題の可視化（専門用語の相互確認）などの特徴を持ちます。学校での医療的ケアにおいて、教師の医療的行為の緩和や保護者の付き添いの軽減のため学校への看護師配置が促進された時期もありました。

　しかし、日本の国内事情として、全国的な医療従事者の不足を補うために「丸ごと連携」が施策化された面もありました。人材不足を容認するものになり兼ねません。チーム医療に見られる多職種連携の意図は、専門職よりも利用者の声から出発する実践であり、クライエントの声が専門職のつながりをつくる柔軟な枠組みです。学校福祉は、その概念自体が本来チームアプローチとして先にあげた「Key-Stone」の原理を有する点です。

3　教育と福祉のボーダーレスをめぐる実践

（1）チーム医療からの示唆―役割の拡大と制限

　チーム学校の課題について、改めて、チーム医療の歴史的経緯と現状・課題から「チーム学校」へのいくつかの示唆を得たいと思います。多職種連携がすでに職場の組織風土になっている医療・看護分野においてチーム医療の目的とそこで求められる資質は以下のようにまとめられます。

　第一に、チーム医療におけるチームとは、役割拡大の際に用いられる社会的な仕組みであることです。総合病院などを見ると、30近くの国家資格を含む専門職が業務に従事し、それぞれは一人の患者のケアのために協働します。医師を「頂点」に、看護師や保健師、助産師、社会福祉士などがいます。1948年に医師と看護師（当時は看護婦）、保健師（同）、助産師（同）、薬剤師、1951年に診療エックス線技師（今日の診療放射線技師）、1965年に理学療法士や作業療法士、1987年に社会福祉士と介護福祉士、1997年に精神保健福祉士や言語聴覚士、介護支援専門員などが国家資格となり、それぞれに自身の行為行動を下支えする法規や根拠規定を持っています。その他にも事務系職種や任意団体の資格を入れるとさらに膨らみます。

　多職種連携とは、昭和大学の有賀徹氏らの「多職種相互乗り入れ型」の定義によれば、「すべての職種の一人ひとりが、この（チームを組むこと）流れの全体像をイメージしつつ、自分の立ち位置をしっかり認識していないことには、結局のところ患者の『生活』にはつながっていかないだろう」といわれます

（NPO 法人地域の包括的医療に関する研究会・2012）。これは患者個人への医療行為だけでなく、患者の地域生活においてもチームで考える仕組みを持たないと患者にとって優れた医療の提供にはならないからです。チームで考えるとは、そのチームを患者の生活世界に創り出す営みだと。その根本には、侵襲者としての医療実務者が患者の意思決定・自己決定を保障するという原理と個の尊厳を第一義におくという原理との二つがあります。

　第二に、看護師がチーム医療の中核になる根拠でもっとも理解を得られるのは、患者と接触する時間が最も長く、患者の生活場面に直接かかわっており、患者の情報をもっと多く持ち、家族とのかかわりが多く、ときとして患者と他者とのパイプ役であるという点です（和田満和子・a2012）。これは、チーム医療の中心的な役割を担う看護師像をしめす上で承認を得やすい事柄です。しかし、医師の承認が義務付けられています。診断書交付義務は医師にあります。看護師はその補助です。看護師の役割の拡大と教師のそれとを比較すると、多職種協働は教師の役割の拡大にあたるのか、それとも切り分けや閉じこみにあたるのか。また、医師と比べ、校長の包括的指示は同様に考えていけるのかという検討課題があがってきます。

　さらに、教師の「特定行為」とは何かという議論もあります。これが明らかになると教師のオーバーワークや無駄な職の拡張を遮り、業務を整序していく筋道づくりになります。教師の「特定行為」は評価権にありますが、支援を受けることは、その事項自身が主務にはなっていません。

　同様にスクールソーシャルワーカーには何が付与されるのでしょう。スクールソーシャルワーカーの「特定行為」はスクールソーシャルワーカーの全国的な実践ガイドラインや共通業務マニュアルの作成となって現れていくべきものです。

　第三に、いかなる職種においてもチームの質を高めるという点でコミュニケーションや情報の共有化やチームマネジメントがあげられます。情報共有という日常的行為とは何かも問われてきます。情報共有後には何らかの実効計画が示されることが大切であり、ここでは対応や実践の共有と専門性の個別化の関係が問われます。効率的なサービスを提供するために情報共有は業務の起点であり、情報収集力の専門性は事実の把握力と実行力の両面を併せ持ち、多職

種のもつ個々の人材の対等性が担保されねばなりません。

　第四に、チーム医療には「患者やその家族もチームの一員」という中心的原理があります。この視点は、学校でのいじめや貧困、不登校などを見ても大きく溝があります。保護者をチームアプローチの一員であるとする理解につなげたいものです。

　これら「クライエント（子ども）の意思決定や個の尊厳」、「支援者（教師や福祉職）の特定行為の解明」、「情報収集と実行をめぐる権限」、「保護者もチームの一員」という四つの視点は、学校における多職種協働での共通項であり、社会福祉がもっとも得意とすべき業務指針です。

　多職種の間でケース記録の体系化や統合化や当事者参加は大きな変革作業です。多職種によるいじめ問題への相互乗り入れは、第1講でも述べたようにその一例として注視に値します。弁護士においても暴力対策・クレーム対応型のコンプライアンス系と子どもの人権擁護型の人権系とがせめぎあっています。「学校は紛争当事者ではなく、被害者からのクレームの調整はできない」と突っぱねることを正義とする弁護士もいます。しかしながら学校はそういったリーガル文化の入り込む場所ではありません。ここに学校教育と社会福祉の相互の目標があります。

（2）チーム医療の示唆から生まれるいくつかの問い

　先のチーム医療からの四つの示唆は、学校教育においていくつかの問いを提起します。スクールカウンセラーの力量が高まることでチームの質が向上したのかどうか。スクールソーシャルワーカーにおいてもどうなのか。これは、学校教育における心理的社会的な指導・援助の中に福祉的なものがどう位置づいてきたのかと重なります。そこには生活課題の概念規定の再考があるように思います。従来の学校教育での心理的社会的支援と社会福祉の福祉的支援はどこで重なり、また何が違うのか、これが第一の問いです。

　また、近年のチーム医療への発言の中に、少なからず「東日本大震災をめぐる医療関係者の相互乗り入れへの感触」（和田満和子・b2012）があります。これは医療関係者の様々な報告や文献資料の中から散見できます。廃用症候群への対応や生活再建と関わり顕著に問われたことでありますが、制度や法令に

よってつくられてきた連携論によるチームではなく、必要によって枠組みや制度を超えてなしえてきた営為です。震災は既存の枠組みや「想定・常識」のとらえ方や扱い方を拡大したものです。学校も同様に、対応するかしないかという「フィルターの問題」が問われます。学校が避難所となり、子どもの家庭生活や地域生活全般にわたる相談や要望が学校教職員の子どもの命と暮らしを守るという包括的な相談支援が学校の持つ機能となったがゆえに、一時期、何々はやれない、何々はやるというフィルターが解除されたことです。これが一時的なものなのか、本質的なものなのか。これが二つめの問いです。

　そして、チームとは、その必然の感受と実際の活動経験をくぐってはじめて我がものとできます。チーム学校は、相談援助の交渉技術の面で当事者の参加とともにその当事者もクライエントだけでなく取り巻く人々や専門職も含め、チーム医療と比べると非専門職や利害関係者を含むことが前提になります。利害関係者、ステークホルダーが同居、混在することをどう考えるか。これが三つめの問いです。

　四つめは、チームを考える上で最も困難な課題です。専門性の中に他者への尊厳や専門職への尊敬です。学校には、校長、教頭・副校長、主幹教諭、教諭、主任、主事、養護教諭、養護助教諭、栄養教諭、司書教諭とともに、学校医、学校歯科医、学校薬剤師、高校では助手教諭、近年、部活動指導員、スクールカウンセラー、スクールソーシャルワーカー、学校事務職員、調理師、調理員、寄宿舎指導員などがいます。教育相談員、学校支援員、特別支援教育支援員など、そのほかにも自治体で独自に採用する職名があります。しかし、教育相談支援員は通常の時間勤務ですが、特別支援では介助員として業務対象が一人の子どもに対応する（他の子どもには関わらない）という勤務実態があります。パートタイム、フルタイムの違いはあっても、チーム医療には存在しない業務形態があります。その中で、パートタイムの人がチームマネジメントの主体にはなりにくいという課題も明らかにされねばなりません。

4　学校完結から地域完結、子ども社会完結へ

（1）医療機関完結から地域生活関係の中で

　チーム医療には、すでに地域生活への志向があります。医療機関完結から地

域生活完結への帰着です。医療機関で業務が完結するのではなく、退院後のケアや相談支援があります。

　学校で子どもの福祉を保障するときにその責任をどう負うのか。誰がどういった組織でその責任を負うのか。近年よく「学校をプラットフォームにする」という言葉が聞かれますが、学校が地域の子どもの全数把握というフィルターを活用することは、その一方で子どもの留め置き場所や領置（個人所有のものをそこで押収される）をつくることになります。少なからず子どもからしあわせが奪われるのではないだろうかと危惧します（鈴木庸裕・2018）。大人の考える効率性を「すべての子どものために」という言葉でごまかします。すでにこの用語は陰りを見せていますが子ども食堂や無料塾など貧困施策はその典型であり、ソーシャルワーカーの役割を「学校」に備え付け、結局は問題解決のフィルター（場）を学校や教員に求めます。貧困対策に対して特段の権限や業務遂行権をもたない教員や非常勤職が業務にあたることは責任の所在を不明確にします。チーム学校は学校が責任を負うべき現実をカモフラージュします。そもそもフィルターとは学校の役割を刷新し、学校の仲介性を高める意味があるはずです。

　かつて日本の教育実践の中では「学校を温室と考える」（城丸章夫・1973）と言われました。学校は学びの場であり、児童虐待に見られるように保護責任者の処分や罰則に関与する空間ではありません。ゆえに、スクールソーシャルワーカーの社会正義は、学校への無用な法規や専門職の介入を防ぐことであり、子どもを取り巻く差別や偏見を取り除き、本人の意志により、合理的に問題解決が進んでいるのかといった進行管理を行うことになります。これが間接的な関与と呼ばれるものを指し、本人の意志決定に存しているかを確かめることが直接的な関与にあたります。そのために、関係者の信頼関係を構築することや地域の関係機関の連携強化が大切です。連携の決定意志はどこに存在するのか。それは当事者自身です。その意味で、今日、教育現場ではスクールソーシャルワーカーによるケースワーク（家庭訪問の代理行為や機関連携など）と多職種横断のソーシャルワーク（地域における多職種協働）のいずれを求めるべきかのせめぎあいが起こっているのだと思います。

　プラットフォーム論は、学校完結型の促進になっていることに無自覚です。

プラットフォーム論は、社会福祉固有の用語ではなく、子ども・青年の選別機能の再来であり、文教政策・子育て支援政策の用語です。連携は誰が同意して形成されるのでしょう。出来事を法規やサービスシステムにのせることではありません。それとの接続の部分（接合面）でいかなる生き方や現実、公正性があるのかを見極めなければなりません。本人の意志がなにかを分析します。教師には本来、処分や処置、「対応」が教育実践の技術になることに違和感を持っています。子どもは対策の対象ではなく、対策は大人や関係者に向けられる言葉です。スクールソーシャルワークの原義は「スクール・ソーシャルワーク・サービス」です。「サービス」をめぐる認識は、欧米との差異を自覚しておく必要がありますが、サービスには申し出や任意性があり、当人の権利が付随します。「施し」感覚が強い日本の生活感覚からすると、「サービスも選択されるもの」という認識が大切です。

（2）学校をめぐる新たな実践ステージ

今日、学士課程段階の教職課程には、学校安全（2019年度から）やインクルーシブ教育、発達に特性のある児童生徒への授業改善、学級づくりへの指導力向上、外国にルーツを持つ子どもへの指導力など、「合理的配慮」時代への一歩となる講義内容が求められています。教職課程の再課程認定をめぐる文科省と各大学とのやりとりの中で、講義シラバスの細部に至るまでチェックがはいる状況になっています。大学教育においても「スタンダード化」が文教行政から示され、教員養成―教員採用―現職研修を一本化する様相です。目立つことは、個々の課題をトピックスとして扱うことで、その時々の個別の教育課題への知識理解（問題解決のハウツー）や「対処技法」の伝達が先行していることです。それでは、学生たちにとって教育現場の息遣いや創意工夫が何のフィルターもなく伝わることになり、学ぶ側の主体性を欠かいてしまい、学校現場の厳しさに学生の後ろ向きな姿（「部活・ブラック化・モンスターペアレント」の話題）を生みだし、先入観や主観性を高め、教育現場への恐れを抱かせる場合もあります。

現実的に学校現場では、いじめや貧困、不登校、暴力、虐待などを表面的な現象や事象として個別に取り上げられることがあります。それらに通底するあ

るいは背景となる課題へ着目する必要性は、教師をめざす若者が「問い、考え、語り、聞く」（梶谷真司・2018）こと、そして気づくこと、受け止めること、取り組めること、さらに「我がこととしてとらえる」能力の習得にあります。今日の「チーム学校」は、こうした思考能力を学部段階から身につけることです。この能力が地域の社会資源や専門機関と学校との連携、そこにかかわる人材の育成、地域住民や非専門家への子ども支援人材の育成に至るまで、包括的な連携を生み出す基礎になります。チーム学校は教師や教職員にのみ反映するものではありません。チームの一員として想定される誰もが考える協働の思想と方法として浮かび上がってこなければなりません。チーム学校が教師を含め3者以上の多職種による構成を前提とすると定義してみる価値はあると思います。教師の後ろには保護者がいる（相い並んでいる）という意味では、教師の存在はすでに2者です。そうすると、そのチームは学校管理者のリーダーシップだけで統括できるものではなく、さらには管理職個々人の意図や力量によって左右され、当事者担当者に丸投げされるものではなくなります。

　協働やパートナーシップといわれるとあからさまに拒否ができません。協力、補佐、補助において協力は、要請を受けると拒否ができません。児童虐待防止法において教職員に虐待の通報や見守り協力の網がかかり、児童福祉機関への報告や通告を含めた対応が求められます。協力はこの言葉を使って福祉サービスの管理的側面（統制）を学校組織の深部につきつける危険もあります。

　協働とは、連携する相手が自分を映し出す鏡であり、自身の支援のあり方の内省を保持する行為です。アセスメントは具体的な支援計画づくりをめざすチームでなされてはじめて成立する行為であり、専門職のチームとしての目的を合議で確認し実践の中で振り返る点検の一つの装置です。協働とは我が身を映し出す行為であるがゆえに、人や組織どうしの境界に立つことはその面に自身と他者が同時に映し出されます。

　2015年の教育再生実行会議の提言は、学校経営を支える事務職員の充実や教師と事務職員の役割の見直し、スクールカウンセラーやスクールソーシャルワーカー、部活動専門指導者などの専門人材の配置（職務）を行い、「チームとしての学校」を実現し学校の組織力・教育力を高めることの重要性を指摘しました。こうした専門職が児童の福祉や心理に関する支援に従事するという

「専門職」になったわけです。まさに、学校における子どもの多様性が教職員の多様性にも及んでくる時代がはじまりました。ただ、その一方で、日常の諸事案に責任を持ち、学校事故において処分の対象となり、矢面に立ちます。その立場が「非正規雇用」のままであっては国民からの信頼は得られません。喫緊の例として、いじめ防止対策推進法が示す学校でのいじめ対策委員会の構成員に、心理職や福祉職の参画・出席が明示され、学校の体制の如何を問わず、介入が求められます。すでに現実的問題になっていますが、もし事案が発生したときにこれらの専門職員が何をしていたのかが公的に問われ、世論の評価に晒されます。現行、スクールカウンセラーなどはその責務を負う立場や雇用・業務基準に至っていません。教師は、評価権を持つことに業務遂行権が認められていますが、外部人材にはその責務が整備されておらず、「学校管理者の指示のもと」にあいまいなままです。学校教育法施行規則の省令が示すように「職員」化したことは、今後日を追って、教育委員会や学校管理者からの業務評価の被対象者として位置づくことになります。

5 子どもの学習環境の保障

（1）「学習権保障」が協働の芽

　スクールソーシャルワーカーの仕事については、学級経営や授業経営から見て外部視があり、個別の家庭や学校外生活への接点として教師の教育実践との関係性が薄く感じられます。教師には教材・教具があります。ソーシャルワーカーは自身が教材や道具です。学校福祉の理解を合わせて考えると、「学習指導」＋「学習環境の整備」の専門家としての教師、「生活福祉」＋「学習環境の整備」の専門家としてのスクールソーシャルワーカーという表記をあえて行うと、「学習環境の整備」が学校教育の多職種協働の場となり、「学習権保障」が協働の芽になります。

　学習環境の整備とは、教師にとっても子どものことで困ったときに助けてもらえる組織、失敗しても支えてもらえる組織、外部に拓かれた組織であることで、適切にその事案と向き合うことができることです。このことが子どもを中心に考える環境づくりになります。学習内容の習得を把握することは、子どもたちとの対話であり効果的な指導や適切な働きかけです。このことも「子ども

が中心」であることを示します。この視点は、学校、教師の力を借りないと達成できないソーシャルワークの社会的正義の視点とつながります。要するに子どもの力を借りる（引き出していく）という点です。

　子どもたちは教育にしても福祉にしてもその客体ではなく主体です。ただ、学力向上の肥大化によって、学校の福祉的機能が薄らいできました。学校福祉とは、子どもの福祉（しあわせ）の根拠や拠点が、どんどん学校（教育）から離れていくことをいかに食い止めていくかを考えます。学校の福祉的機能が薄らいでいくと、スクールソーシャルワーカーが増員拡大されても、地域資源に「つないでいく」ことに動いてしまい、それが逆に、学校や教職員の主体的力量を奪います。今日の教員養成においては、家族問題をスクールソーシャルワーカーに「丸投げ」することを助長しないよう、教師が「家庭問題は学校の外の問題」という風潮を断ち切っていかねばなりません。

　さて、子どもたちとともに夢が語れる福祉職とはどのような力を持つべきか。学校教育の力を使って、地域のソーシャルワークを充実させる視点。学校における福祉的機能は、これを福祉職へ理解を促し、連携を求めていくことにあたります。

（2）学校や学習からの排除を考えあう

　先のチーム医療からの示唆で上げた四つの視点を、この「学習権保障」への気づきとクロスさせたいと思います。「患者の意思決定と個の尊厳」については、子どもの意思決定の保障や支援と個の尊厳という点では、同質で考えられます。しかし、「医師や看護師などの特定行為」については、教諭の教壇実践の専門性に見られるように、学習と評価が特定行為になります。社会福祉は子どもとともに教師の環境にもコミットすることが学校福祉の特徴となります。「情報収集と実行をめぐる権限」、及び「保護者もチームの一員」は、そのまま通用します。

　今後、こうした視点を学生の気づきに高めるには、自身の経験感覚が学校一般の常識ととらえない学習です。「学習権保障」に着目することは、そこから排除や疎外されている子どもとの出会いや存在への認知により立ち上がってきます。教育課題を社会的問題として立法化する法制度が多職種連携を推し進め

ようとしても、子どもの意志やニーズ（子どもにとって自然な肌感覚）との乖離が起こります。こうした乖離や矛盾、ジレンマを教材化していくことが学習内容の一つとなります。

　これらは教育課程の本質論ではなく、外形的な事柄です。しかし、学校・学習からの阻害を考えあうには、教材研究や授業案作りにおいて、福祉教育やボランティア学習に特化せず、すべての教科教育と福祉のつながり、例えば家庭科教育が子どもの福祉や幸せをどう育てきたのか、社会科教育や算数科教育が子どもの福祉とどう結びつくかなど、「わかる・できる」ことの喜びと福祉とのつながりを予定調和や主観ではなく、客観的に構想していく機会が必要です。こうした議論は現職教員やスクールソーシャルワーカーの現任者の日常感覚をくぐり、改めて学生たちに立ち戻ることが必要になると思います。

（3）教育と福祉の境界面をめぐる相互作用との新たな出会い

　学校福祉は、社会福祉と学校教育との相互作用によって生じる具体的な成果に着目する用語だと述べてきました。学校関係者と学校外の専門機関の職員との用語の違いや実践価値の違いを他者へ「翻訳」する専門性を持ちます。日本の公教育システムの中にソーシャルワークが定着するためには今日の学校論や教育学関係の諸論とともに、子どもの成長・発達に影響を与える諸科学へさらに関心が向かねばなりません。

　ソーシャルワークを通じた学校支援とは、支援される学校側を主体と見なし、学校の福祉的機能を学校という公共の場に埋め戻す行為です。これが学校の内側から人権と社会正義の目的・方法・価値を構想する契機になります。人的介入の外部性（第三者性）があるゆえに、子どもの学習権保障に役立つ教育活動であるかどうかの見直しや修正指摘の中立性が担保できます。子どもの置かれている諸環境（生育・養育、健康、地域性、家庭経済、文化など）の要因が子どもの学習や生活に影響を与えます。この多職種連携学習の特徴は、多角的に自身の領域のものごとを深く把握する支援に他なりません。

（4）援助技術の協働的開発

　相談援助技術という点で、スクールソーシャルワーカーに求められる学習内

容と教師のそれとは重なる部分があります。それを個々に学ぶのではなく、場を同じくする学習スタイルが有効です。専門用語の語法や理解の違いのみならず、日常的な所作や行為のレベルでも差異があります。現任者の実践経験や知識理解を一定そろえて行う研修の良さもありますが、それは講師側の力量に関わります。一つのステージに一緒にいることで、同じものを見ていても異なった認識をします。これは逆にいうと共通する言語や実践用語の開発の糸口です。

　教育職と福祉職との援助技術や対人援助技術の境界を曖昧にせず、その境界を明確にするためにも、ソーシャルワーク（相談援助技術）のプログラムや教材づくりの協働的作業が大切です。専門職の研究者がまず相互に境界をまたぐことです。日常的な連携概念、法的根拠、文言の相互確認でもあります。クライエントのニーズや多様性の文化的価値、アセスメント研究、統合的ツールの開発及びアセスメントツールの方法論的基礎のうち、アセスメントツールの設計は大きなテーマです。

　教師が福祉制度や法制、サービスを理解する。福祉職が学習指導の教授学を学ぶ。多職種連携学習として「学校体験実践」や「学校理解実習」において、スクールソーシャルワーカー養成課程や公認心理士・臨床心理士養成と教員養成の学生たちが同じ一つの現場に入りそこでの学びを振り返り、相互批判的に検討すること。そのチーム感が多職種連携の原風景になると思います。こうした機会は、専門職をめざす学生の卒業前指導であり卒業後の支援拠点（地域の専門職・現任者を含む）です。前者は多職種連携教育（学校における多職種）、後者は卒業後の高度人材育成の推進となります。

（5）社会福祉と学校教育の結節点―ダブルライセンス構想

　教員養成の初年時にある教職科目「教職入門」の中に「教育支援人材論」を採り入れ、教職実践演習に「異種の校種」や「障害児の発達と教育」、「地域の子ども家庭支援資源論」などを組み込みます。その一方で、社会福祉士養成カリキュラムや臨地実習において、学校教育の教育課程（学習指導と生徒指導、コミュニティスクール論、保護者支援）と密接に関わりを持つ「学校理解」の充実が図られます。ここに、社会福祉と学校教育の結節点―ダブルライセンス構想があります。

文科省と厚労省にわかれた人材育成・養成課程・カリキュラムが結びつくことはありません。別個の人材養成制度が一つの子どもの生活圏で相まみれ、それが二つのライセンス取得に結びつきます。これは施策や制度によって分離されてきたものを実践でつなぐことになります。

　学校福祉の実践領域は、この構想へのチャレンジです。人材養成の行政法的分離を融合し、人の命やくらしを、こうした人材養成原理に左右されずに、子どもたちのくらしをとらえる人材論の基礎（「デザイン」論）です。

　スクールソーシャルワーカーに従事する人の保有資格を見ると、教員免許と社会福祉士・精神保健福祉士のダブルライセンス保持が3割にあたります（文部科学省・2017）。この数値は何を物語っているのか。いずれ社会福祉士などのソーシャルワーク専門職に統一する動きが出るかもしれません。スクールカウンセラーも、資格条件に「正」と「準」という区分けを持ちます。資格と任用基準は一体化していません。

　しかし、資格や経験が渾然一体となっている現在、個々人の意欲や関心、経験としてとらえるのではなく、個人の中で二つの資格＝学びがどのような「化学変化」を起こしているか。そこに学校福祉職のベースを模索する糸口があります。さらに、教育学の学習方法論と社会福祉の学習方法論とのパラレルやクロスオーバーはすでに数多くの蓄積と関心が高まっています。

　以上、本講では、学校教育と社会福祉を橋渡しする「協働の担い手」の育成を志向して多職種連携学習（教育）との連接を考察してきました。ただ、こうした多職種連携の学習主体について、今回は教育学部の学生に止まっていたため偏面は避けられません。その限界もありますが、今後、学校教育と学校臨床・学校心理、及び学校臨床と社会福祉との連接を含む「トライアングル」を通じた多職種協働を検討していくことになります。その際、学校教育における多職種協働の目的、方法技術、価値は、これからの学校の多様性を探求する一つの視点になります。

〈資料〉共通項となる能力のカテゴリー
　　全米ソーシャルワーカー協会（NASW）によればソーシャルワーク実践には次の四つの目的が示されています。

・人々について発達能力、問題解決能力、処理能力を強化する。
・人々に資源やサービスを提供する制度の効果的かつ人道的な運営を促進する。
・人々と資源、サービス、機会を提供する制度とを結びつける。
・社会政策の展開と改善に貢献する。

　これらは学校教育を直接対象に据えたものではないが、「ソーシャルワーク実践のための知識、技能、能力、価値観」は学校教育における「子どもにどのような力を育てるのか」という問いに近づくことができる。

　◎知識面では、サービスを受けるクライエントに影響を与える社会及び環境要因に関する知識、心理社会評価と介入に関する理論と方法並びに種々の診断に関する理論と方法に関する知識、組織と社会制度の理論と行動並びに変革推進の方法に関する知識、人間の成長発達の理論並びに家族と社会の相互作用の理論に関する知識などがあげられている。

　◎技能面では、理解と目的をもって他者から聴く技能、社会経歴、事前評価、報告書を作成するために情報を引き出し、関連実態を収集する技能専門的援助関係を築き、維持するとともに、関係の中で自己を用いる技能、言語的非言語的行動を観察し解釈するとともにパーソナリティ理論と診断方法の知識を用いる技能、クライエント自身が自分の問題を解決しようと努力するように向かわせるとともに、信頼を得る技能などがある。

　◎能力面では、明瞭に話し書く能力、人に教える能力などの対人援助能力であったり、複雑な心理社会的現象を解釈する能力や自己マネジメントの能力、危機対応やなにごとをも想定できる能力や問題解決のための情報収集や科学的分析能力などが示されている。

　◎価値観の面では、社会の中での個人の基本的な重要性に対する約束、クライエントとの関係の守秘性を尊重、社会的に認識されたニーズを満たすことになる社会変化への参画、専門職関係から離れて個人としての感情やニーズを維持する意欲、知識や技能を他者に伝える意欲、個人差及び集団の差異に対する認識と尊重、クライエントの自助能力を伸ばすことへの参画などがある。

　先述したように多職種連携学習の意図は、専門職よりも利用者の声から出発する教育実践である。そのためにはクライエントの声で専門職をつなぐとともに、実践者自身が失敗しても誰かに頼ることができる権利が保障される。教育と福祉の協働は、かつての施設処遇や措置保護への危惧を乗り越え、学びや友だち、居所を断ち切らない環境の保障である。社会（他者）へ自由に依存できる権利に裏打ちされた学校生活の創造をめぐり、教師にとっても福祉職にとっても心理職にとっても、福祉との結節点が子どもたちとの新しい出会いになるという点であろう。

【引用・参考文献】
大門俊樹（2018）「福祉教育の変遷と福祉科教育の展開から」『学校福祉とは何か』ミネルヴァ書房、p.24
梶谷真司（2018）『考えるとはどういうことか』幻冬舎、p.48
文部科学省教育職員養成審議会（1999）『養成と採用・研修との連携の円滑化について（第3次答申）』
文部科学省（2005）『学校組織マネジメント研修』（マネジメント研究カリキュラム等開発会議）
文部科学省中央教育審議会（2006）『今後の教員養成・免許制度の在り方について（答申）』
文部科学省（2010）『生徒指導提要』p.24

文部科学省（2017）『平成28年度スクールソーシャルワーカー活用事業実践事例集』

日本社会福祉士会（1988）『社会福祉士倫理綱領』中央法規

NPO法人地域の包括的な医療に関する研究会編（2012）『「多職種相互乗り入れ型」のチーム医療』へるす出版新書、p.13

ピーター・M・センゲ（2011）『学習する組織』英治出版、p.44

埼玉大学編（2009）『IPWを学ぶ』中央法規、p.12-17

城丸章夫（1973）「学校とは何か」『教育』国土社、p.7

城丸章夫（1973）「学校とは何か」『教育』国土社、p.56

城丸章夫（1959）『現代日本教育論』評論社、p.42（『城丸章夫著作集第1巻』青木書店、p.45）

鈴木庸裕（2018）『学校福祉とは何か』ミネルヴァ書房、p.20

鈴木庸裕（2002）「学校、家庭、地域をつなぐ学校ソーシャルワーク」『福島大学教育学部論集』73号、p. 31-40

鈴木庸裕編（2015）『スクールソーシャルワーカーの学校理解』ミネルヴァ書房、p.28

鈴木庸裕（2017）『学校福祉のデザイン』かもがわ出版

鈴木庸裕他編（2018）『多文化社会を生きる子どもとスクールソーシャルワーク』かもがわ出版、p.23

鈴木庸裕・横山光子（2018）「特別なニーズを持つ子どもをめぐる教師・スクールソーシャルワーカー・スクールカウンセラーの協働に関する調査」

細田満和子（2012）『「チーム医療」とは何か』日本看護協会出版会、p.42

全米ソーシャルワーカー協会（1997）『ソーシャルワーク実務基準及び業務指針』（日本ソーシャルワーカー協会訳）、相川書房、p.30-33を参照

おわりに

子どもたちが学校と福祉をつなぐ
そのパートナーとしての学校福祉士

1 「教育支援職」の広がりの中で

　近年、教育支援職やその人材育成を示す教育支援人材論をよく目にします。教育支援人材は学校の多様化や多文化化を促すものと言えます。その中で学校福祉の担い手を浮き彫りにするものとして「学校福祉士」があるとすれば、どんな印象を与えるでしょうか。

　教育支援とは誰から見ての誰に対する支援なのか。教職員への支援の中には、コピーや教師の学習活動の補助というものもあります。教職員の多忙感や困り感から出発する支援人材では、子どもの存在は見えません。近年のチーム学校論も、子どもや保護者の参加を前提としていない根本的な課題です。いずれにしてもチームを構成する権限をもつ者の側の意図や認識によって左右されます。誰のための支援なのかにかかっています。

　チームとは、問題行動への対応や困難事例への対処を発端にしてイメージされます。人材についても「人材派遣」「人材育成」というように、それを活用し採用する側の意向や意思に沿うことが求められます。教師は日頃、どう教えていくのかについては切磋琢磨しますが、何を教えるか、なぜそれを教えるかについては自由裁量や自己権限は少ないです。これも「人材」ゆえの状態です。人材や活用という言葉の見方や考え方は、高度な専門性が裏付ける資質と能力をもつこともあれば、そうでない場合もあります。また、専門性や専門職性は他分野や他職種への排他的姿勢や意識の分断を生み出します。学校福祉は、その空気感や危険性と戦う文化でもあると思います。

2 学校とともにあるソーシャルワーク

　スクールソーシャルワーク（school social work）はこの学校福祉の具体的な実践の一つです。スクールソーシャルワーカーはようやく日本の教育制度の中

に位置づいた（つつある）その具体的な職種であり、具体的な専門職に成長しつつあります。2008年からはじまるスクールソーシャルワーカー活用事業の経緯や試験的実施（導入）から10年かかり、本格実施（職化）への妥当性が明らかにされつつあります。

　しかし、スクールソーシャルワーカー活用事業は福祉職単体で見るものではなく、スクールカウンセラーの活用や特別支援教育のコーディネーターなどの配置がたどった事実と比較して見ていかねばなりません。活用事業の担い手は、社会福祉士などの福祉職と教師・教諭双方であり、活用の主体性は教師自身でもあります。これらは社会教育や青少年問題から出発した教育福祉論の「水脈」や「源流」をたどると自明ですが、一つの職種だけを照射するものではありません。

　その理由は、学校福祉は子どもの遊びや文化、芸術、スポーツなどに踏み込んで考えていくからです。海外のスクールソーシャルワーカーと出会うと、MSWであり、キャンプカウンセラーであったり、スポーツクラブやダンスレッスンのコーチであったり、いくつもの顔を持つ人々がいます。子どもは遊びの主人公であることを自認しています。学校福祉は教育と福祉の施策から出発しがちですが、もう一方で子どもたちの生活や発達の要求から出発します。ゆえに学校の多様化は子どもたち自身が示してくれています。

　そうすると、児童福祉や子ども家庭福祉が学校とともに（with）発展する、学校教育の力を借りて進展するという扉も開けておかねばなりません（鈴木庸裕・2018）。学校に欠けているものを福祉で補うという論理は、福祉の教育的機能をみずからないがしろにします。子どもたちが学校教育と社会福祉の出会いを導いています。子どもたちは教育と福祉の架け橋になる、その主体です。

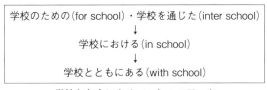

学校とともにあるソーシャルワーク

3 スクールソーシャルワーカーにとっての「教育実践」―どんな力を育てるのか、引き出すのか

　「子どもが学校に来られるようにどう関わればよいか」。「親のネグレクトや無関心により学校との協力関係をどうつくればいいのか」。こうした相談がとても多くあります。そのとき、スクールソーシャルワーカーに「あなたはその子どもや親にどんな力を育てたいのか」と聞くと、返事が返ってきません。育てるという言葉に違和感があるならば、その人からどんな力を引き出したいのかでもいいですが。「学校に通えるようになること」という返事では困ります。

　学校福祉論は、学校が持つ機能と役割に集中させ、学校の福祉的機能の回復と福祉の教育的機能の開発・発展に寄与します。どんな力を育てたいのかへの問いが多職種の中で語られることは、専門職間のボーダーレス化（融合化）の事実に一歩近づくと思います。

　近年、対人援助専門職の大転換があります。この潮流はおよそ1990年代を発端としていました。第7講で取り上げましたが、医療現場における多職種連携教育（IPE）も1990年代に一部の実践的研究者による粘り強い模索によるカウンター・カルチャーにはじまります。医師とリハビリテーション関係者との接点に、患者中心の生活と医療を考える専門職間のコミュニケーション能力とそれを思考し続ける能力の発展があります。患者中心＝子ども中心と考えると、専門職間のヒエラルキーの払拭と当事者中心への模索という同時代性で符合します。

　本書でも多職種協働を標榜してきました。しかし、子どもたちが多職種協働を求めていると考えれば私たちも肩の力を抜くことができます。専門家がクライエントの選択肢を分断してきた歴史が長かったかもしれません。1990年代にそのことに多くの人々が気づきはじめたのであり、いまさら多職種協働論と大上段に構えなくてもよいようにも思えます。

4 「かさなり」を発見する学校福祉士の存在

　そこで、学校福祉士についてです。学校福祉士は、他の職種の良さを引き出すことのできる専門性のある人です。資格ではありません。周囲に支えられることをよしとする専門職の呼称です。

学校で教師が十分その専門性を発揮できるように、スクールカウンセラーや
スクールソーシャルワーカー、スクールロイヤーは何をすべきか。それぞれの
専門職の目的（第1の局面）や価値（第2の局面）、方法（第3の局面）をリ
スペクトしつつ、その共通項や重なりを発見する。つまり「かさなり」という
（第4の局面）に重点を置く専門職者です。

　違う視点を持っていることに気づくのは、「かさなり」の部分がわかるから
こそ感じられます。専門性の違い、○○とは違うという形で、自己の専門性を
紹介することはやめて、自己の必要性を論じて介入することへの反省でもあり
ます。また、「かさなり」を理念や目的の部分にとどめず、専門技術として統
合化する学際的な研究や学部間コンソーシアムが、今後大切になると思います
（鈴木庸裕・2018）。

　学校福祉士の「士」の用語法は、スクールソーシャルワーカーの上位認定資
格や熟達さの証明と理解され、専門性や優位性への思いを惹起させるかもしれ
ません。「士＝さむらい商法」という言葉もあるようですが、職能団体組織内
での承認や自己の上昇志向を促すものとは区別したいものです。学校福祉士は、
子どもの権利擁護の社会づくりとその担い手の存在を世に示していく表現であ
り、「士」を持つ「人材」ではなく、「士」が活躍できる社会や生活文化や職業
文化の創出に寄与することを大切にし、ソロアプローチではなく、チームアプ
ローチの専門職として整理したいと思います。「学校福祉志」（誤植ではない）
といってもよいかもしれません。

　こうした担い手論は、従来、その人の人柄やパーソナリティーとされがちで
した。どんな実践でも「最後は人だ」と言われ「この人だからできた」と。し
かし、これは誤っており、その先の思考を止めてしまいます。いずれにしても、
学校福祉士と呼称できる職場（ケース会議や電話越しでの相談場面であって
も）や社会（家庭や地域）の形成自体が目的となります。

5　本書の初出一覧

　本書を執筆するにあたり、下記が初出一覧です。いずれも大幅に手を加え講
座風にしました。
第1講：「学校における多職種連携―スクールソーシャルワーカーの活動か

ら」『生活指導研究』第35号、2018年、p.39-p.48。

第2講：「学校ソーシャルワークの創造と生活指導論の転換（1）」『福島大学教育学部論集』第66号、1999年、p.17-p.34。

第3講：「通常学級における学級・授業の転換と特別なニーズ教育」『SNEジャーナル』第5号、2000年、p.18-p.37。

第4講：「生徒指導と学校福祉事業の問題史的検討―ガイダンス論導入をめぐって」『学校ソーシャルワーク研究』第13号、2016年、p.30-p.40。

第5講：「多様な困難を抱える子どもへの支援―ソーシャルワークの視点から」『SNEジャーナル』第22号、2016年、p.37-p.50。

第6講：子どもの貧困における「子ども理解」『臨床教育学研究』第7号、2018年、p.34-p.52

第7講：「学校教育をめぐる多職種連携学習の試行（1）」『日本福祉大学子ども発達学論集』11号、2019年2月、p.24-p.40及び「学校教育をめぐる多職種連携学習の試行（2）」『日本福祉大学子ども発達学論集』12号、2020年2月、p.40-p.58。

鈴木庸裕

索引

鈴木庸裕（すずき・のぶひろ）

日本福祉大学教育・心理学部教授、福島大学名誉教授
1961年、大阪府生まれ、愛知教育大学大学院修了
日本学校ソーシャルワーク学会・代表理事
日本社会福祉士会子ども家庭支援委員会・委員
福島県教育委員会他スクールソーシャルワーカー・スーパーバイザー
日本学校心理士会福島県支部長・学校心理士・スーパーバイザー

〔主な著書〕

『福島の子どもたち』（編著）かもがわ出版　2021年
『「いじめ防止対策」と子どもの権利』（編著）かもがわ出版　2020年
『学校福祉とは何か』（編著）ミネルヴァ書房　2018年
『学校でソーシャルワークをするということ』（編著）学事出版　2018年
『多文化社会を生きる子どもとスクールソーシャルワーク』（編著）かもがわ出版　2018年
『子どもの貧困に向きあえる学校づくり』（編著）かもがわ出版　2017年
『学校福祉のデザイン』（単著）かもがわ出版　2017年
『子どもへの気づきがつなぐ「チーム学校」』（編著）かもがわ出版　2016年
『スクールソーシャルワーカーの学校理解』（編著）ミネルヴァ書房　2015年　　　　　他

学校福祉論入門　多職種協働の新時代を切り開く

2021年9月16日　初版第1刷発行

著　　　者　　鈴木庸裕
発 行 人　　花岡萬之
発 行 所　　**学事出版株式会社**
　　　　　　〒101-0021　東京都千代田区外神田2-2-3
　　　　　　電話　03-3255-5471
　　　　　　https://www.gakuji.co.jp

編 集 担 当　　町田春菜
装　　　幀　　内炭篤詞
組版・印刷・製本　　精文堂印刷株式会社

落丁・乱丁本はお取り替えします。
© Nobuhiro, Suzuki 2021　ISBN978-4-7619-2735-6 C3037　Printed in Japan